우리는 이어져 있다

'남성 페미니스트'라는 말을 넘어서

앞표지 설명

배경은 미색이다. 아래에서 위로 두 줄기의 목화가 뻗어 올라간다. 분홍빛과 연한 갈색빛을 띤 목화꽃들이 줄기를 타고 군데군데 피어 있다.
두 줄기 사이에 제목과 부제, 저자명과 출판사명이 세로로 배치되어 있다. 위에서 아래로 살펴보면, 가장 위에는 제목인 '우리는 이어져 있다'가, 그 바로 아래에는 부제인 '남성 페미니스트라는 말을 넘어서'가 적혀 있다. 가운데에는 저자인 '안희제, 이솔, 신필규, 이한, 박정훈'이, 가장 아래에는 출판사인 '와온'이 적혀 있다.

우리는 이어져 있다

'남성 페미니스트'라는 말을 넘어서

안희제

이솔

신필규

이한

박정훈

와온

엮은이의 말

… 나는 이들이 페미니스트인가, 아닌가에 관심이 없다. 여성주의와 자신의 관계 맺기가 어디서부터 시작되었는지에 대한 그들의 이야기가 궁금하다.*

어떤 말, 어떤 질문은 우리를 정박시킵니다. 그렇게 한참을 머뭇거리다 보면 그 말과 질문에 삼켜지기도 합니다. (길이 아니라) 길에 들어선 이유를, 더 나아갈 용기를, 곁의 누군가와 자기 자신까지 잃기도 하는 것입니다. '남성 페미니스트'라는 말, '남성도 페미니스트가 될 수 있냐'는 질문도 그런 것 같습니다. 답답하고 수상한 구석이 있

---

* 정희진, "남성 페미니스트", 《한겨레》, 2015년 11월 20일자.

지요. 누군가에게는, 어떤 순간에는 무척 요긴한 것일지도 모릅니다. 다만 저 질문에 슬쩍 따라붙는 수치심과 죄책감, 혹은 뿌듯함이나 안정감 같은 것에 빠져 있다 보면 더 나은 질문을 떠올리기 어려워집니다. 정박된 몸과 마음을 흔드는, 지금 여기에서 당신과 나 사이의 무언가를 기묘하고도 아름답게 바꿔 내는, 그러니까 애초에 우리를 이 길 위로 끌어낸 그런 질문들을 말이지요.

이 책은 지금까지 우리 주변에서 흔히 들어 온 '남성 페미니스트의 이야기'에서 비켜나기 위한 시도입니다. 손희정의 말을 빌리자면 "반성과 개심의 이야기", "안전한 페미니즘", "특정한 태도를 공유함으로써 형성된 특정한 페미니스트 담론"을 넘어서 "지금/여기에서 페미니즘이 무엇인가"를 다시 상상하는 일이라고도 할 수 있겠습니다.* 남성 페미니스트를 지금보다 풍성하게 상상할 수 있다면, 한국 사회에서 페미니즘의 가능성 또한 그만큼 달라질 것입니다.

이를 위해 각 저자는 자신이 마주한 페미니즘은 무엇

---

* 손희정, "어디로 갈 것인가, 형제여?", 「젠더와 문화」 12권 2호, 계명대학교 여성학연구소, 2019.

이었는지, 그것이 어떻게 서서히 자신의 일상으로 파고들었는지 이야기합니다. 죄책감보다는 작은 용기를, 단정하고 선명한 결론보다는 일상의 누추한 분투들을 이야기합니다. 삶의 조건과 자리가 다른 만큼 각자가 경험하고 펼쳐 내는 페미니즘도 제각각입니다. 다만 모두의 이야기를 관통하는 하나의 사실은, 페미니즘이 '남성'인 그들의 삶을 단단히 지지하고 있으며 그로 인해 옆의 누군가와 새로이 관계 맺게 되었다는 것입니다. 페미니즘은 우리가 이어져 있다는 사실을 다시금 발견하게 합니다.

　더 많은 이야기를 담고 싶었지만 원고 청탁을 고사한 분이 많았습니다. 대부분 자기 삶에는 페미니스트로서 이야기할 만한 것이 많지 않다는 이유였습니다. 그러한 대답을 받을 때마다 크게 공감하면서도, 남성 페미니스트라는 말이 알면서도 피해 가기 어려운 함정 같다는 생각을 했습니다. 다섯 명의 저자도 비슷한 곤란을 겪고 있다고 생각합니다. 그럼에도 어렵게 속내를 써내려 간 저자들의 용기가, 더 많은 이야기를 끌어내면 좋겠습니다.

/하늘

차례

엮은이의 말 5

질병과 가족에 관한 전략들 /안희제

세 명의 타인 13
환자 아들 15
아픔을 일상의 일부로 받아들이기 22
아버지만의 방 29
할아버지 고쳐 쓰기 33
다이소 인조식물과 꼬막비빔밥 40
서로 다른 삶의 경로가 부딪힐 때 45
개인적인 전략이 가져오는 균열 49

폭력으로부터 배운 정직한 마음의 태도 /이솔

세상에 불행이 존재하는 이유 57
가정, 폭력을 배운 첫 번째 세계 60
학교에서 배운 것 62
폭력은 평범한 일 68
폭력으로 가득 찬 세계 72
저항하는 용기 78
고통에서 찾아낸 언어 84
타인이 나의 일부가 되는 감각 87
알기에, 외면할 수 없는 마음 91
우리는 이어져 있다 94

세상 어딘가에, 내 자리가 있었다 /신필규

남성도 페미니스트가 될 수 있을까?　101
멸시의 그 단어, '젠더'　103
우연과도 같은 만남, 페미니즘　106
'여성'단체의 '남성' 회원으로　112
스스로를 페미니스트라고 소개하다　115
남성 동성애자로서 자리 찾기　118
페미니스트가 되는 건 중요한 일이 아니다　127
달라지는 지형을 끊임없이 달려 나가며　129

우리가 함께하는 방법들 /이한

땅콩과 아몬드　137
어쩌다 마주친 페미니즘　142
폭주하는 남성성 열차에서 탈출하기　146
관계들의 변화　152
이성, 연애, 사랑　157
조금씩 페미니스트로 살아가기　161

이런 (남성) 페미니스트도 괜찮을까? /박정훈

나의 페미니즘을 찾아서　167
나무위키에 있는 내 이름　171
어쩌다 '남페미'는 조신해졌을까?　176
'스윗'하지도, 무해하지도 않은　181
더 나은 우정은 가능하다　185

질병과 가족에 관한 전략들

안희제

세 명의 타인

나는 얼핏 보기에 지극히 평범한 '정상가족' 안에서 나고 자랐다. 한 명의 아버지와 한 명의 어머니, 그 사이에서 태어난 외아들이라는 핵가족의 틀에서 살아가면서 '아들' 역할을 학습했다. 오랫동안 그 전형적인 행동거지에서 별로 벗어나지 않았다.

그 역할을 되돌아보게 된 지는 그리 오래되지 않았다. 내가 살아온 환경은 나에게 너무나 자연스러웠고, 나의 정체성이나 생활 방식을 질문하는 사람도 없었다. 일상을 찬찬히 살펴보기 시작한 건 '어딘가 꼭 맞지 않는' 사람이 되면서부터였다. 난치병을 겪고 주변인들로부터 인권 담론을 접하면서, 그리고 아픈 내가 비장애인들 사이에서도 장애인들 사이에서도 부자연스럽게 여겨지곤 한다는 걸 깨달으면서 말이다.

홍승은 작가의 폴리아모리 에세이 『두 명의 애인과 삽니다』(낮은산, 2020)는 내가 맺은 관계들을 돌아보게 했는데, 거기에는 가족도 포함되어 있었다. 이 책은 단지 한 번에 한 사람만 사랑해야 한다는 한국 사회의 통념뿐 아니라, 혈연이나 혼인을 중심으로 하는 관계만을 가족이라고 규정하는 통념에도 도전하고 있었다. 이 책을 통해 나는 가족이 혈연이나 혼인과는 무관하게 서로의 삶을 조정해 나가며 함께하고자 노력하는 사람들로 정의될 수 있을 것 같다고 생각하게 되었다. 서로의 역사가 부딪히는 세 사람의 이야기를 통해 평생 함께해 온 가족이라는 관계를 돌아볼 수 있었다. 결혼 제도 위에서 만들어진 우리 가족 또한 너무나 다른 세 사람이 함께 살아가면서 더 나은 공동체를 고민하는 과정을 평생 이어 오고 있기 때문이다.

우리 가족은 유별나게 대화가 많은 편이고, 다툼이 생기면 새벽까지 둘러앉아 문제가 어느 정도 해결될 때까지 대화를 이어 가는 사람들이지만, 생활 방식을 맞추어 나가기 위해 깊이 대화해 본 적은 별로 없었다. 그러나 코로나19가 유행하면서 아픈 사람과 기저질환자, 60대인 세 사람은 최대한 외출을 자제해야 했고 더욱 긴 시간, 자주 부딪게 되었다. 이제 그런 대화를 피할 수 없는 시기가 온 것이다.

전형적인 틀에서 벗어나는 '가족'의 이야기를 읽고 고민하면서 내가 살아오던 관계가 어딘가 낯설어지기 시작했고, 가족끼리 대화를 나누며 새삼스러운 사실을 깨달았다. 우리 가족은 너무나도 다른 세 명의 타인으로 이루어져 있다는 것을 말이다. 휴대폰 연락처에 두 사람을 이름 석 자로 저장하는 나로서는 조금 더 새삼스러운 일이었을지도 모르지만.

이 글은 질병과 돌봄이라는 두 개의 축이 나의 가족 관계를 재조정하는 과정, 그리고 서로 다른 삶의 경로가 부딪히는 지점에서 어떻게 조금이나마 협상을 이뤄 내는지를 담고 있다. 어머니와 아버지는 서로 잘 모르는 채 만나서 결혼했고, 둘 사이에서 태어난 나도 여전히 두 사람을 잘 모른다. 그래서 우리는 다시 서로를 알아 가기 시작했고, 그 구체적인 과정을 여기 기록해 두었다. 누군가 그 안에서 자신의 일상에 활용 가능한 작은 실마리를 찾을 수 있을지도 모른다는 희망을 안고서.

환자 아들

우리 가족의 이야기를 하면 어디서든 "그런 이야기는 처음 들어 본다"라는 반응이 돌아오곤 한다. 보통 그 핵심에 있는 건 집안일에서 아버지가 차지하는 비중이었다. 오죽하면 내가 "대체로 여성이 집안일을 더 많이 한다"라는 이야기를 바깥에서 처음 들었을 때 믿지 못했을까.

내가 집안일에 동참하게 된 건 그리 오래된 일이 아니다. 수험 생활이 끝난 후 요리사들이 나오는 예능 프로그램을 보다가 요리를 시작하게 되었다. 생각보다 단순하게, 특별한 재료 없이도 그럴싸한 음식을 만드는 게 재밌어 보였다. 무엇보다도 나는 부모님과 입맛이 좀 달랐기 때문에 먹고 싶은 걸 먹으려면 직접 요리를 하는 편이 나았다.

그렇다고 해서 바로 부엌일을 제대로 시작한 건 아니었다. 스무 살부터 겪게 된 크론병이라는 자가면역질환과 그로 인해 먹는 면역억제제는 일상 전반에 크고 작은 영향을 주었다. 대학에 들어간 이후 2~3년 정도, 아직 질병과 함께 살아가는 데 익숙하지 않았던 그 시기에 나는 주제를 모르고(?) 사실상 매일같이 밖에 나가 돌아다녔다. 그러다 보니 집은 거의 자거나 아파서 못 나가는 날에 누워 있는 곳이었다. 나는 적절히 쉬어야 일상생활이 가능한데, 그 당시에는 휴식과 내가 하고 싶은 일 사이의 균형을 맞출 줄 몰랐다.

이런 생활을 핑계로, 나에게 부엌일은 때때로 있는 예외적인 사건이었다. 요리의 빈도는 늘었지만 그런 날을 제외하면 내가 부엌에 있는 경우는 극히 드물었다. 유방암을 겪은 한 철학자의 말처럼, 병에 걸리는 건 혼자여도 그 영향은 그 사람에게만 머무르지 않고 주위에 영향을 준다.* 내 경우에도 그랬다. 병을 발견하고 수험 생활이 끝날 때까지 집의 모든 일정은 나의 건강을 중심으로 돌아갔으니까. 맞벌이 와중에 수험생인 아들이 난치 질환을 겪게 되는 건, 질병의 당사자인 나보다 가족에게 더 큰 고통이었을지도 모른다. 아무리 제도가 인정하는 진단명을 받고 산정특례제도에 따라 의료비의 90퍼센트를 지원받아도, 질병에는 여전히 실존적인 고통이 남는다.

아프다 보면 점점 덜 움직이는 데에 익숙해지고, 쉴 기회가 있으면 반드시 쉬게 된다. 그리고 그렇게 쉬다 보면 무언가를 시작하기 어려워진다. 관성은 무서운 법이다. 아버지가 집안일, 특히 부엌일을 훨씬 많이 하는 환경에서도 내가 부엌일에 익숙해지기까지 시간이 오래 걸린 데에는, 한국 사회에서 아들로 살아왔다는 점과 더불어 질병의 영향도 있었을 것이다.

---

* 미야노 마키코·이소노 마호, 『우연의 질병, 필연의 죽음』, 김영현 옮김, 다다서재, 2021, 74쪽.

그러던 내가 부엌에 조금 더 가까워지게 된 두 번째 계기는 식당 아르바이트였다. 고등학교 동창의 소개로 학교 근처 일식당에서 아르바이트를 시작했다. 식당이 작으니 주방은 더 작았고, 일할 수 있는 인원이 많지 않으니 각자 맡은 일이 따로 있지 않았다. 모든 직원은 설거지, 요리, 서빙, 주문받기, 결제, 청소 등 온갖 일을 해야 했다. 당시 나는 너무 정신이 없어서 몇 번이나 쓰러질 뻔했다. 그곳에서 처음으로 '설거지 지옥'을 맛봤다. 아무리 열심히 해도 접시와 수저가 계속 밀려들어 다시 쌓이고 그러다가도 옆에서 부르면 만두를 굽고 밥을 볶는 주방을 경험한 이후에야, 비로소 집에서의 부엌일에도 조금씩 가까워지기 시작했던 것 같다.

하지만 문제는 몸이었다. 몇 달 뒤 알바를 그만두고 집에 있는 시간이 조금씩 늘어나면서 내가 마땅히 해야 할 몫도 늘어났다. 그런데 집에 있는 시간이 길어졌다는 것은 몸이 별로 좋지 않다는 뜻이기도 했다. 알바를 그만둔 것도 건강 악화 때문이었으니까. 내가 아플 때 나는 간호받는 것에, 어머니와 아버지는 간호하는 것에 익숙했다. 이때 간호에는 '일 안 시키기'도 포함되어 있었다. 나는 모든 집안일에서 면제되었다. 실제로 어머니는 "아픈 애한테 일을 시키기가 미안했다"라고 말하기도 했다.

사회학자 탤컷 파슨스Talcott Parsons의 '환자 역할sick role*'이라는 개념은 이런 상황을 잘 설명해 준다. 이 역할의 핵심은 '아프면 낫고 돌아오기'다. 여기서 앓는 사람은 ① 사회적으로 요구되는 역할을 수행할 수 없게 되고, ② 사회적 의무로부터 면제를 요구할 '특권'이 생기지만 이는 명백히 '정상'으로부터의 일탈 상태이다. 따라서 그는 ③ 낫기 위해 최선을 다해야 하며, ④ 혼자서는 해결하기 어려우므로 전문가에게 도움을 구해야 한다. 이 틀에 따르면 집에서 쉬는 나는 ①, ② 단계에 해당된다.

이 개념의 가장 큰 문제는 질병이 치료될 수 있다고 가정한다는 점이다. 그것이 온전한 치료가 아니더라도 증상이 충분히 완화된 상태와 그렇지 않은 상태가 꽤 뚜렷하게 구분된다고 전제하고 있다. 하지만 만성질환자의 삶은 그렇게 명료하지 않다. 건강이 그 자체로 자본인 현대 자본주의 사회에서 만성질환자는 신체적·경제적 층위에서 동시에 어려움을 경험하며, 환자 역할은 이들의 삶을

* Talcott Parsons, "Illness and the role of the physician: a sociological perspective", *The American journal of orthopsychiatry*, 21(3), 1951.

설명하거나 개선하는 데에 별로 도움이 되지 않는다. 환자 역할이 주어지는 한, 지금과 같은 건강중심 사회에서 나을 수 없는 사람이 어떻게든 일상에 복귀하려고 노력하는 것은 그 자체로 이목을 집중시킨다. 이것은 일종의 낙인으로 작동하여 다른 사람들과 적절한 관계를 맺기 어렵게 만들기도 한다.*

파슨스에 따르면, 아파서 쉬고 있는 나는 '특권'을 누리는 것이며 이는 '비정상'이기에 얼른 낫고자 열심히 노력해야 한다. 이는 어디까지나 다시 건강해질 수 있음을 전제로 한다. 그러니 나을 수 없는 사람에게 의무로부터의 면제는 영구적인 열외 혹은 '깍두기'에 가깝다. 또한 한국 사회에서는 아파서 쉬고 싶다, 얼른 나을 수 있게 병원에 다녀오겠다고 말해도 인정받지 못하거나 징계로 이어지는 일이 허다하다. 이런 현실을 고려하지 않고 아픈 사람이 자신에게 필요한 어떤 보호든 지원이든 받을 수 있다는 착각, 즉 보호주의의 이상이 잘 구현되고 있다는 착각이 앓는 역할 개념에 전제되어 있기에 사실상 성원권의

---

* Matthias Z. Varul, "Talcott Parsons, the sick role and chronic illness", *Body & Society*, 16(2), 2010.

박탈인 열외를 특권과 연결 지을 수 있게 되는 것이다.*

나는 운이 좋게도 아프면 쉴 수 있는 가정환경에서 자랐지만, 과연 그건 좋은 일이었을까? 자주 아프고 낫지 않는 질병을 겪는 나에게 환자 역할을 적용하면 사실상 내가 할 수 있는 건 '계속 쉬기'뿐이다. 여기서 두 가지 문제가 생긴다. 하나는 나를 제외한 가족 구성원들이 집안일을 전담하게 된다는 것, 다른 하나는 내가 점점 스스로 집안일을 할 줄 모르는 사람이 되어 간다는 것이다.

장애인 인권운동을 하면서 들은 이야기들이 있다. 장애인의 부모는 양육 방식에서 종종 과잉보호나 과잉방치라는 두 극단을 오가는데, 과잉보호가 이루어질 때 장애인 당사자는 자신이 할 수 있는 것도 할 수 없다고 학습하게 되고, 실제로 더 많은 것을 할 수 없는 사람이 되어 간다는 것이다. 이는 자신을 돌보는 사람과 사는 아픈 사람에게도 적용될 수 있다.

"길들여진 배제는 가부장제가 되었다."** 집안일을

---

* 안희제, 『난치의 상상력』, 동녘, 2020, 181-187쪽.
** 변재원, "길들여진 배제는 가부장제가 되었다", 《비마이너》, 2020년 4월 16일자.

포함하여 많은 영역에서 배제되는 데 익숙해진 한 중증장애인은, 그러한 경험들이 그의 배우자가 집안일을 전담하는 상황으로 이어진 것에 대해 이렇게 표현했다. 이 문장은 학생이라서, 수험생이라서, 환자라서 집안일에서 열외되어 온 나의 상황 또한 설명해 주는 듯하다. 어머니는 나보다 체력이 좋지 않은데도 나보다 많은 집안일을 하고 있기 때문이다. 변화가 필요했다. 하지만 구체적인 변화를 만드는 과정에서 중요한 건 '집안일은 모두가 골고루 해야 한다'라는 (머리로는 공유하는) 당위보다도 각자의 몸과 삶의 경로, 그리고 이것들이 집안에서 공유되고 이야기되는 방식이었다. 그 중심에는 무엇보다 질병을 매개로 변한 나와 어머니 사이의 관계가 있었다.

아픔을 일상의 일부로 받아들이기

우리 가족은 원래도 대화가 많은 편이지만 내가 아픈 이후로는 특히 어머니와 나 사이에 대화가 늘었다. 어머니는 일종의 '환우 선배'였다. 평생 입원도 수술도 경험해 본 적 없고 잔병치레도 하지 않는 아버지는, 아픈 식구들을 정성을 다해 챙기면서도 그 고통에 공감하기는 어렵다고 했다.

지금은 '메니에르 증후군'이라는 하나의 진단명을 갖고 그 질병을 살아가지만, 어머니는 아주 어릴 때부터 원인 모를 온갖 증상들에 시달렸다. 병원에 가도 검사 결과에는 이상이 없다는 말만 돌아왔다. 치료할 방법도, 관리할 환경도 얻지 못했던 어머니에게 놓인 선택지는 '극복'뿐이었다. 그리고 결국 자신의 몸을 상당한 수준으로 만드는 데 성공했다. 그 아픈 몸으로, 심지어 아이를 키우고 일을 하면서도 대학원을 네 번이나 다녀왔으니까.

그래서 내가 나의 몸을 거스르며 살지 않겠다고 말하며 몇 개의 가능한 진로를 선택지에서 배제했을 때, 어머니는 속으로 좀 실망했다고 한다. 지금은 아니지만 당시에는 '왜 쟤는 제대로 시작해 보지도 않고 포기하지?'라고 생각했었다고. 인권운동을 통해 질병이든 장애든 극복의 대상이 아니라고 배운 나에게, 이는 텔레비전에 나오는 '불우한 어린 시절을 이겨 내고 자수성가한 굴지의 CEO'가 가지고 있을 법한 사고방식처럼 느껴졌다.

아버지는 아프지 않은 사람이기에 나의 몸에 대한 나의 판단에 이견을 제시하는 일이 별로 없었다. 본인이 잘 모르는 영역이라고 생각하기 때문이기도 했고, 결혼 이후 수많은 시행착오를 거쳐 몸이 안 좋은 상태가 '나약한 정신'의 문제가 아니라는 걸 비로소 알게 되었기 때문이기도 했다.

처음에는 아버지도 다른 건강한 사람들과 마찬가지로 아픈 몸이 개인의 책임이라고 생각했다. 하지만 말도 못 하게 성실하고 악착같은데도 어찌할 수 없이 계속 아픈 어머니와 살면서, 그런 어머니에게 "정신 상태가 썩어 빠져서 그렇다"와 같은 망언을 하고 지적받으면서 변해 나갔다. 오히려 질병으로 인한 나의 변화를 받아들이지 못한 건 '헬스플레인health-plain'을 일삼던 아버지를 오랜 기간에 걸쳐 바꿔 놓은 어머니였다. 거칠게 표현하자면 '내가 아파 봐서 아는데…' 같은 느낌이었달까.

하지만 아픈 몸에 대해서 꾸준히 이야기를 나누고 나는 어머니의 역사를, 어머니는 나의 일상을 알아가면서 우리는 점점 '환우 공동체'가 되어 갔다. 병명도 다르고 증상도 다르지만 아파서 불편한 점들을 이해할 수 있다는 것만으로도 모자지간에는 큰 동질감이 생겼다. 나아가 이전과는 다른 형태의 신뢰 관계가 만들어졌다.

"전에는 딸 있는 사람들이 부러웠거든? 아들은 크면

부모 안 챙긴다고들 하잖아. 근데 이제는 안 부러워."

어느 날인가, 함께 텔레비전을 보다가 어머니가 한 말이었다. 아픈 이야기를 공유할 수 있고, 자신이 살아오면서 경험한 차별의 부당함에 공감할 수 있는 아들이라서 앞으로도 이렇게 지낼 수 있으면 좋겠다고. 이건 내가 접한 질병, 혹은 아픈 몸에 대한 담론의 대부분이 페미니즘과 연결되어 있기 때문일 것이다.

내가 질병, 아픈 몸의 언어를 페미니즘을 통해 가장 처음 접하게 된 이유는 성차별적 사회에서 아픈 것 자체가 여성적인 것으로, 건강한 비장애인 남성의 노동이 보통의 노동으로, 그리고 돌봄이 여성만의 일이자 사적인 영역에 속하는 것으로 여겨져 왔기 때문일 것이다. 크론병 진단을 받고 장애인 인권운동을 시작한 때가 2014~2016년으로 페미니즘 리부트와 가까운 시기였다는 점도 영향이 있었을 것이다. 나의 아픈 몸을 이해하고자 노력하면서 읽은 책들,* 여러 사람과 나눈 대화들은 나를 다양한 몸의 경험을 긍정하는 사람으로 조금씩 바꾸어 갔다.

이런 변화 안에서 어머니가 자신의 경험을 말하는 방식 또한 달라졌다. 원래는 아픔을 극복한 자신에 대한 대

견함이 중심이었다면, 이제는 '아픈 몸 선배'로서 나에게 많은 몸의 경험과 지식을 전수해 준다. 평생 종기와 소화 불량, 두통 등을 경험하며 살아온 어머니는 같은 증상을 겪는 나에게 큰 의지가 되었다. 나는 성격도 체질도 어머니를 많이 닮았는데, 심지어는 염증이 생기는 위치조차 닮았다. 언젠가 귀 뒤에 동그란 염증이 생기자마자 어머니에게 물어봐야겠다는 생각부터 했다. 단지 나의 어머니여서가 아니라 평생 다양한 증상에 대처하며 살아온, 종기에 노련한 사람이라서. 원래는 '참 힘들었겠다' 하면서 마음 아픈 것에 그쳤지만 이제는 그 안에 담긴 지혜나 의지를 배운다. 내가 어머니의 경험을 이해하는 방식 또한 달라진 것이다.

* 아픈 몸, 질병과 장애의 관계를 이해하고자 할 때 가장 처음 나의 눈을 반짝이게 한 책은 수전 웬델Susan Wendell의 『거부당한 몸』(그린비, 2013)이었다. 페미니스트 학자인 저자는 희귀 만성질환을 겪게 되면서 질병과 장애를 페미니즘의 틀로 이해하고자 한다. 몸과 몸을 둘러싼 사회를 섬세하게 사유하는 그 책에 적힌 통증이나 무시, 외면의 경험은 너무도 나의 경험과 같았다. 그 이후에 읽은 조한진희의 『아파도 미안하지 않습니다』(동녘, 2019) 또한 페미니스트로서 자신이 겪은 건강중심 사회를 분석하고 비판하는 책이었다. 사적인 것이라고 치부되곤 하는 몸의 아픔과 불안에서 시작되는 성찰은 내가 살아가는 사회 전체를 되돌아보게 했다.

갱년기나 월경에 관한 이야기도 대화 중에 자연스럽게 등장하게 되었다. 다른 집 아들로 살아 보지 않아서 정확히 알지는 못하지만 보통 모자지간에 그런 이야기를 나누는 경우는 잘 없다고들 했다. 나 또한 어머니의 통증이 유독 심한 편이라는 것 외에 아는 것이 없었다. 이제 어머니는 나에게 그런 이야기를 이전보다 편하게 한다. 내가 다른 몸의 이야기를 귀 기울여 들을 것이라는, 어머니의 이야기를 중요하게 여길 것이라는 믿음이 생겼다고.

새벽에 떠들길 좋아하는 나와 어머니의 대화 주제는 원래 가족이나 공부일 때가 많았다. 하지만 우리의 관계가 환우 공동체, 혹은 아픈 몸 선후배로 재설정되어 가면서 최근의 몸 상태나 아픔으로 인한 고충, 집 바깥에서 힘들었던 점 같은 것들이 대화에 더 자주 등장하게 되었다. 글로는 아픈 이야기를 많이 써 온 나도 정작 아픈 모습을 타인에게 보이거나 그런 이야기를 직접 말로 하는 데에는 익숙하지 않았다. 그런데 이제는 어디가 어떻게 아픈지 좀 더 자세히 이야기하게 되었다. '부모님 걱정시키기 싫어서' 아픔을 숨기기도 했던 때와 달리 약간 신경 쓰이는 것도 일단 공유한다. 워낙 자주 아프다 보니 걱정은 되더라도 크게 충격적이지는 않다는 걸 알기에, 상태가 확

나빠지기 전에 미리미리 할 수 있는 일을 함께 찾기 위함이다.

무엇보다도 아픔을 대하는 방식이 달라졌다. 어머니는 거의 평생을 아픈 채로 살고 있고, 나도 이제 아프지 않았던 때가 기억나지 않을 정도이지만 여전히 아픈 상황은 이례적인, 혹은 예외적인 상황으로 여겨지곤 했다. 하지만 아픔은 더 많이, 편하게, 자주 이야기되면서 비로소 일상의 일부로 이해되기 시작했다. 아플 때 모든 일에서 면제된 후 쉬기만 하는 것이 아니라 조금씩 몸을 움직이면서 내가 할 수 있는 일의 범위를 찾아가기 시작했다. 관념적으로만 비판하던 '환자 역할'에서 실제로 벗어날 실마리가 보였다.

최근에는 온 가족이 함께 서로의 몸 상태와 해야 할 일의 양을 살피며 그때그때 상태에 따라 집안일을 유연하게 분배하는 연습을 본격적으로 하고 있다. 우리 집 부엌은 세 명이 동시에 사용하기에 좁은데 이제는 그 안에서 함께 식사를 준비하며 움직여도 거의 부딪히지 않는다. 식사 메뉴에 따라 재료 손질, 요리, 설거지 역할이 어느 정도 정해져서 준비 속도도 훨씬 빨라졌다.

설거지로 대표되는 집안일이 간헐적인 시도를 넘어

꾸준한 실천으로 이어지는 과정에는 이처럼 '아들'로서의 삶, 질병과 돌봄, 팬데믹이라는 다양한 요소들이 복잡하게 얽혀 있었다. 특히 팬데믹 상황에서 가족 관계가 재구성된 과정은 흥미롭기도 했다. 그런데 이 과정에서 고려되지 않은 한 사람이 있었다. 바로 아버지였다. 평생 입원 한 번도 해 본 적 없는 아버지.

아버지만의 방

아버지는 가족 중 유일하게 '건강한' 사람이다. 음악을 들으며 적당히 산책하는 것을 좋아하는 나, 원래 거의 걷지 않다가 최근 들어 조금씩 걷기 시작한 어머니와 달리 아버지는 항상 등산하러 갈 타이밍을 노린다. 얼마 전에는 북한산에서 무작정 사람도 별로 없는 길로 올라갔다가 집에 못 돌아올 뻔했을 정도다.

그러다 보니 몸 상태와 집안일을 고려할 때 아버지의 몫은 여전히 적지 않다. 어차피 모두가 일이 많다면 체력이 괜찮은 사람이 집안일을 맡는 게 '합리적'일 수 있겠지만 사람 사이의 관계는 그런 식으로만 굴러가지 않는다.

우린 항상 더 많은 것을, 더 섬세하게 고려해야 한다. 아버지가 계속 더 많이 집안일을 하게 되는 상황을 어떻게 바꿀 수 있을까?

공간의 배치는 서로의 관계에 대해 생각보다 많은 걸 알려 준다. 이때 우리 집의 방들은 아버지에게 '자기만의 방'이 없다는 걸 보여 준다. 나와 어머니는 방이 하나씩 따로 있고, 아버지는 텔레비전이 있는 가장 넓은 안방에서 잔다. 우리 가족은 텔레비전을 아주 좋아해서 수시로 안방에 모여 텔레비전을 본다. 꼭 함께 보지 않아도 텔레비전 앞은 곧 쉬는 장소다. 누워서 휴대폰을 보기도 하고 잠시 졸기도 한다. 동시에 이 방에는 화장대가 있어서 나와 어머니가 외출 준비를 할 때 사용해야 한다.

특히 우리 가족은 자고 일어나는 시간이 일정하지 않다. 아버지도 일을 하다가 늦게 자는 날이 있다. 그러면 아버지는 자는데 나와 어머니가 외출 준비를 해야 하는 일이 생긴다. 때로는 텔레비전을 보는 나와 어머니 때문에 아버지가 잠을 자려다가 참기도 한다. 나와 어머니는 잠에서 깬 후 몸을 제대로 움직이기까지 시간이 꽤 걸리기에 보통 '아점' 준비는 아버지가 거의 담당하는데, 숙면에 능한 아버지도 앞선 상황들에서는 잠을 푹 자지 못하고 일어나서 바로 집안일을 시작해야 하는 것이다.

아버지는 주로 거실에서 일이나 공부를 하는데 이 또한 편하지 않다. 거실에는 나와 아버지가 함께 관리하는 식물과 온갖 책들이 있다. 나와 어머니가 자주 들락거린다. 부엌과 뚜렷이 분리되어 있지 않아서 부엌의 소음과 냄새를 차단할 수도 없다. 거실은 모두가 돌아다니는 곳이고 자꾸 마주치다 보면 대화를 하게 되므로, 의도치 않게 아버지의 일이나 공부 흐름이 끊기는 일도 생긴다. 얼핏 보면 가장 넓은 공간을 차지하고 있는 듯한 아버지에게 자신만의 공간이 하나도 없었던 것이다. 최근 아버지는 자격증 시험을 준비하느라 조용하고 개인적인 공간이 더욱 필요했는데, 그에게 적절한 공간은 전혀 보장되지 않았다. 오죽하면 아버지가 "나도 내 공간이 필요해"라고 말하기까지 했을까.

얼마 뒤, 어머니는 가족회의를 소집했다. 사실 결론은 간단했다. 나와 어머니가 집안일에 더 많이 참여하는 것. '한 번씩 돌아가며 하기'가 대안으로 제시되었지만, 한 명이 혼자서 식사 준비나 설거지를 다 하는 것은 어렵다는 데에 모두가 동의했다. 그래서 매번 적어도 두 명이 동시에 부엌일에 참여하기로 했다. 모두가 조금 더 자주 부엌에 가게 되면 부엌일을 함께하는 것이 자연스러운 관성으로 자리 잡을 수도 있었다.

집안 구조를 바꿔야 한다는 얘기도 나왔다. 이때 가장 큰 문제가 텔레비전의 위치였는데, 텔레비전을 옮길 만한 곳은 거실뿐이었으나 거실의 모든 벽은 책장으로 가려져 있었다. 책장을 버리거나 잘라 내야 했는데 어느 쪽이든 쉽지는 않았다. 나와 어머니는 책장 일부분을 잘라 내고 그 안에 텔레비전을 벽걸이로 설치하자고 했다. 하지만 목수를 부르는 비용도 컸고, 사실상 매일 일하는 세 사람이 하루를 통째로 이 작업에 사용해야 한다는 것이 아버지의 걱정이었다. 아버지는 우선 준비하고 있는 자격증 시험이 끝난 이후에 다시 고민해 보자고 했다. 정작 시험이 끝나고서는 당장의 필요가 아니게 되어 버려서 텔레비전 위치는 우리의 대화 주제에서 사라졌지만.

집안 구조를 바꾸는 건 생각보다 어려웠다. 하지만 지금의 상황을 어떻게 바꿀지 구체적으로 상상할 수 있게 된 것만으로도 약간의 변화가 생기기 시작했다. 이제 나와 어머니는 아버지가 언제 잘지 미리 눈치를 살피고 방에서 나가기도 한다. 아버지는 이전보다 좀 더 편하게 자신이 잘 시간을 알린다. 아직 텔레비전은 안방에 있지만,

우리가 수행하는 작은 움직임들을 통해 안방은 조금씩이나마 아버지의 방으로 변해 가고 있는 것 같다.

할아버지 고쳐 쓰기

다양한 대화와 시도를 통해서 가족 안의 서로돌봄을 조정해 나가던 중에 또 하나의 사건이 생겼다. 우리 가족 안에서도 간신히 시작할 수 있었던 서로돌봄의 조정을, 300킬로미터도 더 멀리 떨어진 곳에 사는 할머니와 할아버지 사이에서 만들어 내야 하는 상황이 찾아왔다. 할머니가 신경인지장애 진단을 받은 것이다. 본인은 지금도 부정하고 있지만, 증상도 진단도 확실했다. 문제는 거리였다. 우리는 서울에 살고 할머니는 부산에 산다. 꾸준히 찾아뵙고 함께 새로운 방식의 삶에 적응하고 싶었지만, 우리는 서울에서 계속 일해야 했고 할머니가 이곳으로 이사를 올 수도 없는 상황이었다.

아들과 딸이 모두 20대에 집을 떠난 후 할머니는 할아버지하고만 함께 살았다. 보수적인 집안에서 자란 할머니는 집안일이 당연히 결혼한 여성의 몫이라고 생각했고,

아내의 역할은 가족을 돌보는 것이라고 믿었다. 마찬가지로 보수적인 집안에서 자란 할아버지도 집안일이 당연히 할머니의 몫이라고 생각했다. 두 분 모두 "남편과 아들이 집안일을 하고 있다"라는 어머니의 말에 적응하지 못한다.

슈퍼에서 파는 빵이 몸에 좋지 않다는 사실도 몰랐던 할아버지는, 노인일자리사업으로 택배 일을 하는 7년 동안 점심을 슈퍼에서 파는 호떡으로 해결할 만큼 자기돌봄의 경험도 없었다(심지어 그는 당뇨가 있다). 남성이 돌봄의 주체가 되지 않아도 되는 사회는 남성 스스로를 위해서도 좋지 않다. 이는 앞서 언급한 것처럼, 실상 할 수 있는 것도 할 수 없다고 계속 주입받음으로써 남성이 돌봄을 실천할 수 없는 존재가 되어 가는 과정이기도 하다. 심지어 일상적인 집안일을 '안' 하는 것인지 '못' 하는 것인지 알 수 없어서, 양말을 정리하지 못하거나 약을 제때 챙겨 먹지 않는 것이 신경인지장애의 증상인지 자기돌봄의 부재인지 분간하기 어려운 경우도 많다고 한다.*

평생을 "네"만 하며 살았던 할머니는 신경인지장애

---

* "한국 할아버지와 치매 지표", 《경향신문》, 2021년 9월 8일자.

진단과 함께 달라졌다. 입에 올리지도 않던 욕설이 할머니 입에서 나왔다. 자신에게 짜증을 내는 모습을 보고 할아버지는 할머니의 성격이 이상해졌다고 생각했다. 진단 이후에도 모든 집안일을 할머니가 혼자 하는 것이 문제라는 생각은 전혀 하지 못하는 듯했다. 적어도 할머니와의 관계에서 할아버지가 달라진 점은 없어 보였다. 몇 년에 한 번 부산에 갈 때마다 보는, 소파에 앉아서 텔레비전을 무심한 표정으로 응시하는 그 얼굴 그대로였다.

그러나 이제는 달라져야만 했다. 자신의 삶을 책임지기 위해서라도 바뀌어야만 했다. 할머니의 상태는 예측하기 어려워졌다. 그들의 딸과 아들은 각자 다른 먼 곳에서 일하며 살아가고 있다. 당장 받을 수 있는 제도적 지원도 없었고, 그런 게 있다 하더라도 집에서의 삶은 이전과 같을 수 없었다. 최소한 지원받기 전까지라도 할아버지는 자신과 자신의 아내를 돌볼 수 있는 사람이 되어야 했다. "너희 엄마 병원 안 간다", "너희 엄마 약 안 먹는다"라고 어머니에게 전화해서 하소연하는 것으로는 해결되는 게 없었다.

우리는 부산으로 갔다. 부산에 도착한 뒤 시작된 것은 관찰과 대화였다. 할머니는 함께 사는 강아지를 '개새

끼'라고 부르거나 다른 사람들에 대한 욕을 하기도 했다. 그러면서도 내내 우리에게 무언가를 먹이려고 냉장고와 부엌을 오갔다. 배가 부르다고 사양해도 몇 분 뒤에 똑같은 질문을 반복했다. 병원에 가야 한다고, 병원에 같이 가자고 해도 계속 거부했다.

할머니의 모습을 보면서 우리는 '신경인지장애'라는 단어 너머에 있는 할머니의 삶을 생각할 수밖에 없었다. 20대 초반에 결혼해 두 아이를 낳아서 기르고, 모든 화와 짜증을 속으로 억누르는 게 '착하고 좋은' 것이라고 생각하면서 살아온 할머니. 어머니는 신경인지장애의 원인을 오랜 우울증으로 인한 뇌 손상으로 추정했다. 사람이 저렇게 살았는데 어떻게 우울증에 안 걸릴 수 있냐며, 우울증일지도 모른다고 의심했던 장면들을 상기했다. 우울증은 '성역할'이라는 이름으로 포장된 성차별의 결과였고 그 중심에는 할머니의 부모와 남편이 있었다. 되돌리거나 바꾸기에는 너무 늦어 버린 시간들. 예전보다도 더 마른 자신의 몸을 두고 "마른 게 찐 것보다는 낫지"와 "여자가 늙어서 마른 걸 어디다 쓰냐" 사이에서 진동하는 할머니의 말들은 그런 시간을 함축하는 것 같았다.

당장 우리에게 주어진 선택지는 하나뿐이었다. 할아

버지를 '고쳐 쓰는' 것. 하지만 대체 어떻게? 감도 안 잡혔다. 어머니가 "아빠, 요즘은 그렇게 살면 이혼당해요" 같은 말을 하고, 할아버지를 자신의 남편이나 다른 친척과 비교해도, "우리 집에서는 아들도 남편도 다 부엌일해요"라며 그의 손자와 사위를 전략적 도구로 동원해도, 할아버지는 별 반응을 보이지 않았다. 그럼 대체 어떻게? 아버지는 할아버지의 성격을 공략했다. 할아버지는 어떤 것에도 큰 의지가 없지만 시간에 맞추어 무언가를 하는 '루틴'이 생기면 그건 잘 지키는 사람이었다. 아버지는 그 점을 활용해서 자기돌봄 루틴을 만들어 드리기로 결심한 모양이었다.

"아버님, 점심에 빵 대신 달걀을 삶아 드세요. 냄비에 물을 붓고, 식초랑 소금을 조금 넣고, 달걀을 넣으세요. 불을 올린 다음, 물이 끓으면 불을 확 줄이시고요. 물이 끓고 나서 10분쯤 뒤에 불을 끄면 아주 맛있게 삶아져요. 어떠세요?"

이 말을 듣고 할머니 쪽으로 고개를 살짝 돌린 할아버지의 한마디.

"거, 계란 좀 사와 봐."

쉬운 상대일 리가 없다. 어머니는 저렇게 비쩍 마른

사람한테 그렇게 일을 다 시키고 싶냐고, 본인 먹는 건 본인이 좀 하라고 화를 냈다. 아버지는 직계가족이 아닌 남성이라서 유지할 수 있는 어떤 심리적 거리를 통해, 남성으로 살아오면서 보게 된 다양한 남성 군상들 안에서 할아버지를 이해하려고 시도했다. 특유의 눈웃음으로 너스레를 떨며 할아버지에게 내일 직접 해 보자고 했다. 다음 날 아버지는 아예 달걀을 들고 할아버지를 찾아갔고, 달걀을 삶은 후 도시락통에 담게 하는 데까지 기어이 성공했다. 이쪽도 쉬운 상대는 아니었다.

아버지도 원래부터 이런 사람인 건 아니었다. 삼 형제의 막내로 태어난 아버지는 어려서부터 집안일을 하곤 했지만 그건 어디까지나 '어머니를 돕는다'라는 맥락이었다고. 이는 결혼 후에도 마찬가지였다. 그는 심리적 저항감 없이 아내보다 더 많이 부엌일을 했지만 여전히 '집안일을 돕는다'라고 생각했다고 한다. 어릴 때부터 아버지가 부엌에 더 오래 더 자주 있는 모습을 보고 자란 나에게는, 그런 생활을 하면서도 집안일을 자신의 일로 여기지 않았다는 아버지의 이야기가 낯설었다.

어머니는 바로 그 인식, 집안일이 기본적으로 여성의 일이며 남성은 그것을 돕는 것이고 그런 남성이 '좋은' 남편이라는 인식을 바꿔 놓았다. 그 과정은 고작 이런 두세 줄의 문장으로는 요약할 수 없을 만큼 지난했을 것이다. 그러니 아버지가 할아버지를 설득하여 직접 달걀을 삶도록 만든 것은 한편으로 어머니의 '투자'에 따른 결과물이기도 했다. 아픈 것은 개인의 책임이 아니라는 것, 집안일을 원래 담당해야 하는 성별은 없다는 것. 어머니가 종종 나에게 하는 "내가 너희 아빠를 사람 만들었지"라는 말에는 이런 맥락이 있을 테다.

부산에서 돌아온 이후, 할머니는 어머니에게 "너희 아빠가 직접 도시락을 챙겨 나갔다"라고 신기하다며 전화했다. 이것만으로도 생각보다 큰 변화였지만 며칠 지나지 않아 전화기를 든 어머니의 언성은 다시 높아졌.

"병원 계속 다녀야 한다니까!"

할아버지가 할머니에게 병원에 가지 말라고 했다고 한다. 병원에 가서 치료를 받고 오면 어쨌든 증상이 조금 완화되기 마련인데 그것을 이유로 이제 병원에 갈 이유가 없다고 얘기한 것이다. 할머니가 직접 병원에 갈 수 있도록 하기 위해 어머니가 얼마나 애썼는데 그걸 이렇게 간단하게 방해해 버리다니! 결국 전화로 할머니를 처음부터 다시 설득해야 했다. 할아버지에게는 그러면 안 된다고 못 박았다.

병원에 오갈 때 힘들거나 아파서 택시를 타는 것조차 아까워하는 할아버지는 여전히 지금 상황이 탐탁지 않을 것이다. 결혼한 지 얼마 되지 않아 집안 사정이 급격히 안 좋아져 살던 곳에서 멀리 떠나야 했던, 그럼에도 가족을 부양할 만큼 돈을 벌 수 없었던 역사가 이런 '짠돌이'의 면모로 드러나는 것일지도 모르겠다. 하지만 어쩌겠는가. 변화가 필요한 시점은 분명히 찾아왔다. 할아버지는 변해야 할 것이다. 그것 외에는 방법이 없다는 걸 그도 조금씩 깨달아 가고 있는 것 같다.

다이소 인조식물과 꼬막비빔밥

그러나 상황은 생각보다도 더 막막했다. 6개월 정도 지난 후 겨울에 다시 만난 할머니는 더 많은 걸 더 자주 잊고, 똑같은 말을 더 많이 반복했으며, 사위에게 안 하던 존댓말을 하기 시작했다. 그 사이에 할아버지는 병원에서 폐가 안 좋다는 소견이 적힌 진료의뢰서를 받았다. 이미 1년 전쯤부터 계단을 오를 때 숨이 찼다고 한다. 어머니가 준 당뇨 관련 책은 읽지 않았고, 여전히 라면과 믹스커피를 자주 먹고 있었다. 할아버지가 먹으면 안 되는 것들을 기억하지 못하는 할머니는 당뇨를 겪는 할아버지를 돌보지 못하고, 평생 누군가를 돌본 경험이 거의 없는 할아버지는 할머니를 돌봐야 하는 시기에 본인도 여러 질병을 겪기 시작했다. 우리는 여전히 먼 곳에 살았고, 제도의 도움을 받기에 두 사람의 증상은 '충분히' 심하지 않았다.

아버지는 할아버지가 당뇨를 스스로 관리할 수 있도록 혈당측정기를 찾아서 설명해 드렸고, 나와 어머니는 할머니가 가득 쌓아 둔 일회용 플라스틱 용기를 다 정리하고 유리로 된 새 밀폐용기들을 사 두었다. 이 이상으로 상황을 정리할 능력이 우리에게는 없었다. 우리는 아주 작은 일들을 하나씩 돕고, 설득하고, 그것이 충분히 성공할 수 없다는 걸 알면서도 서울로 돌아가야 했다. "문제의 해결을 꿈꿀 수 없는 상황에서도 여전히 일상은 지속되어야 했고, 아직 붕괴되지 않은 무대는, 폐기되기보다는 수선되고 보수되는 방식으로 유지되었다"[*]라는 문장의 의미

---

[*] 이수유, "치매 발병 후 부부관계와 질병의 공동 경험", 「한국문화인류학」 51권 3호, 한국문화인류학회, 2018, 302쪽.

는 이런 것이었을까.

할머니가 아픈 이후 생겨난 작은 변화들은, 할머니 신경인지장애의 악화와 할아버지 건강의 악화로 다시금 흔들리고 있었다. 신경인지장애 진단을 계기로 '좋은 남편'에 대한 할머니의 기준이 조금은 바뀔 수 있기를 바랐다. 할아버지가 장 한번 '대신' 봐 준 것에 감동하지 않고, 그가 스스로 도시락을 싸는 걸 넘어 도시락통까지 직접 설거지해야 만족하는 할머니가 되길 바랐다. 만 원 내외의 병원비보다 본인의 몸을 우선시하는 할머니가 되길 바랐다. 견과류를 보내 드리면 어떻게 먹는지 전화로 물어보게 된 것처럼, 할아버지는 자기 자신을, 나아가 자신과 함께 사는 사람을 좀 더 챙길 줄 아는 사람이 되면 좋겠다. 당장 제도의 변혁을 이룰 수도, 내 일상을 송두리째 바꿀 수도 없는 상태에서 할 수 있는 일이란 이토록 작고 무력한 소망을 품는 것뿐이었다. 우리는 그 무엇도 확신할 수 없었다.

우리에게 남은 유일한 확신은 지금 하고 있는 실천들이 결코 최선은 아니라는 점이었다. 평소 장애인 인권과 질병권을 이야기하는 사람으로서, 지금 우리에게, 누구보다도 할머니와 할아버지에게 필요한 건 '사회'라는 생각이

들었다. "나는 효자가 아니라 시민"*이라는 선언을 머리로만 알고 있었는데, 할머니를 만나고 올 때마다 그 말이 점점 더 피부로 느껴졌다. 그리고 동시에, 사회의 도움을 구할 수 없는 지금 할머니의 딸과 사위와 손자가 그의 삶을 조금이라도 나아지게 만들려면 무엇이 필요한지 고민할 수밖에 없었다.

할머니는 평소 예쁜 물건과 식물, 맛있는 요리를 좋아했다. 우리는 함께 밀폐용기를 사러 다이소에 가서 할머니가 갖고 싶다는 천 원짜리 인조식물과 빨간 줄무늬가 있는 컵을 샀다. 다음 날에도 할머니는 그것들을 우리에게 자랑했다. 그리고 할머니가 밥을 먹게 하기 위해 꼬막비빔밥 식당에 갔다. 집에서 먹는 밥은 거의 손도 안 대면서 꼬막비빔밥과 반찬으로 나오는 탕수육, 잡채만큼은 잘 챙겨 먹었다. 할머니는 밥을 다 비웠다. 우리가 함께 컵과 인조식물을 샀다는 것, 그리고 꼬막비빔밥을 먹었다는 기억은 다른 기억들과 달리 쉽게 휘발되지 않았다.

6개월 전과 지금, 우리는 상황에 따라 조금씩 새로운 '전략'을 만들었다. 물론 미리 회의를 할 수는 없었다. 할

---

* 조기현, 『아빠의 아빠가 됐다』, 이매진, 2019, 161-170쪽.

머니, 할아버지와 함께 있는 매 순간은 대체로 우리의 예측을 벗어났고, 우리가 할 수 있는 건 눈치껏 임기응변하는 것뿐이었다. 돌봄이 "각각의 환자, 각각의 사례에 대해, 그리고 그 상황들을 해결, 혹은 개선하는 방식에 대한 상황적이고 잠정적인 지식들을 생산하는 과정"*이라는 사실이 피부에 와닿았다. 그 과정에서 무엇보다도 중요한 건 할머니의 행복이었다. 할머니는 행복한 것을 더 잘 기억했다. 영원히 지지 않는 초록빛을 지닌 플라스틱 식물과 탕수육 소스를 섞은 꼬막비빔밥은 유독 할머니를 더 웃고 잠시나마 몰입하게 했다.

얼마 전 읽은 한 논문에는, 환자의 식단에 단맛을 추가하는 게 영양학적으로는 무의미할지언정, 그 단맛이 환자와 돌봄 인력의 관계를 재편하고 환자에게 새로운 삶의 가능성을 열어 준 사례가 소개되어 있었다. 단맛은 미각이 전반적으로 퇴화한 환자가 "여전히 좋아하는 맛"이며, 이로 인해 "즐거움을 느낄 수 있는(그리고 즐거움이 없는

---

*   이지은, "'연명'이 아닌 삶: 중증치매에서 경관급식 실행의 윤리적 문제들", 「과학기술학연구」 20권 3호, 한국과학기술학회, 2020, 17쪽.

행위를 거부할 수 있는) 행위자로서의 자리를 부여받는다"는 것이다.* 우리는 종종 병원에서 건강을 위해 어떤 행복들을 포기하길 요구받는다. 하지만 나는 상술한 일련의 일들을 경험하면서 의료적으로 좋은 것과 할머니가 좋아하는 것의 관계를 대립으로 이해해서는 안 된다고 느꼈다. 우리는 이 둘을 조율해서 더 나은 대안을, 더 나은 관계를 만들어야 한다. 할머니는 여전히 자주 실수하고 때로 혼나기도 하겠지만, 또한 기억할 만큼 맛있는 꼬막비빔밥을 먹고 자랑할 만큼 마음에 드는 인조식물을 가진 존재여야 할 것이다. 어쩌면 그 정도가 지금 당장, 아마 6개월 뒤에도 우리가 세울 수 있는 최선의 전략일 테다.

서로 다른 삶의 경로가 부딪힐 때

이 글의 초고를 쓴 뒤 글자 크기를 12포인트로 키워서 인쇄하여 안방에 가져다 두었다. 다음 날 외부 일정을 마치고 부모님을 연희동의 한 우동집에서 만났다. 두 사

---

* 앞의 글, 21-22쪽.

람은 글을 다 읽었다고 말했다. 나는 글에서 사실관계가 틀렸거나 수정되었으면 하는 부분이 있느냐고 물었다. 아버지의 표정이 묘했다.

이유인즉슨, 신혼 때 어머니의 '정신 상태'를 지적한 것에 상당히 복잡한 맥락이 있다는 것이었다. 앞에 우동 한 그릇씩을 두고 두 사람은 토론에 가까운 대화를 시작했다. 아버지가 먼저 입을 열었다.

"결혼하고 나서 한두 달이 지나기까지 너희 엄마가 진짜 집안일을 하나도 안 했다니까. 그래서 뭐라고 하면 베란다에서 울면서 사과하고. 그러고도 같은 상황이 반복되니 또 울면서 사과하고. 당신도 그때 미안하다고 그랬어요."

"아니, 하나도 안 한 건 아니에요. 말을 그렇게 하면 내가 억울하지. 그럼 내가 힘들었던 기억들은 다 어디서 온 거야? 미안해서만 운 게 아니라 힘들어서 운 것도 있었어요."

사실 신혼 때의 집안일 분배에 관한 이야기는 종종 등장하는 대화 주제였다. 그때마다 이런 비슷한 패턴의 대화가 반복되었고, 당시에 아직 존재하지 않았던 나는 둘 중 누구의 말이 맞는지 증언할 능력이 없었다. 이번에도 마찬가지였기에 나는 두툼한 우동 면을 후루룩거리며 두 사람의 대화에 집중했다.

원래 두 사람의 대화는 주로 자신의 기억이나 감정, 아니면 당위나 이념에 초점이 맞춰져 있었다. 달리 표현하면, 기억이나 감정처럼 자기를 중심으로 하는 1인칭이나 '성평등'처럼 공적인 층위에서 행위를 판단하는 3인칭에 따라 이루어졌다. 아버지가 "내가 집안일 거의 다 했다"라고 말하면 어머니는 "내 기억은 다르다" 혹은 "그렇게 말하면 안 된다"라고 말했다. 그런가 하면, 신혼 때 반복된 언쟁에서 (아버지의 표현을 빌리자면) "전세가 역전된" 시점도 있었다고 한다. 매번 어머니가 사과하는 상황이었는데 어느 날의 언쟁에서 아버지가 '도와주다'라는 표현을 사용하고 지적받으면서 (역시나 아버지의 표현을 빌리자면) "이데올로기의 정당성을 상실"했다는 것이었다. 어머니는 그날 아버지의 말을 듣고 '나서서 집안일을 하는 남성조차 이렇게 생각하는구나'라는 절망감을 느꼈다고 한다.

그간 이런 대화는 대체로 '아버지의 당시 사고방식이 잘못된 건 맞지만 집안일을 훨씬 많이 한 것 또한 사실이다'라는 결론과 함께, 어머니의 어딘가 석연치 않다는 표정으로 매듭지어지곤 했다. 이번에는 양상이 이전과 조금

달랐다. 그 중심에는 2인칭의 접근이 있었다. 누구의 기억이 맞냐, 어떻게 하는 것이 옳았냐, 이런 건 점점 대화의 중심에서 멀어졌다. 대신 신혼 때 두 사람이 서로의 삶의 경로를 잘 고려하여 상호작용을 했는지가 이야기되기 시작했다. 그 과정에서 비로소 어머니는 이전의 대화들이 어딘가 불편했던 이유를 발견했다.

두 사람은 적어도 집안일의 7할은 아버지의 몫이었다는 점에 동의했다. 하지만 이때 중요한 두 가지가 간과되었다. 두 사람이 살아온 방식이 너무도 달랐는데 그 차이가 집안일의 조정 과정에서 고려되지 않았다는 것, 그리고 어머니의 아픈 몸에 대한 아버지의 이해가 부족했다는 것이었다.

먹는 데 진심인 집안에서 살아와 책은 빌려 읽을 수 있지만 밥은 그럴 수 없다고 생각하는 아버지. 밥은 끼니만 때우면 된다고 여기는 집안에서 살아와 굶어서 아낀 돈으로 책과 음반을 샀던 어머니. 그래서 아버지는 식사 직후 바로 설거지를 하지 않는 어머니를 이해할 수 없었고, 어머니는 흙이 여전히 묻어 있는 마늘을 망째 사 와서 하루 종일 마늘만 까곤 하는 아버지를 이해할 수 없었다.

아버지가 집안일을 훨씬 많이 하는 것이 어머니에게

편하지만은 않았던 이유는, 집안일의 속도와 범위를 아버지가 일방적으로 정했기 때문이었다. 아버지는 "당신은 왜 이렇게 집안일을 안 하냐"라고 판단하고 지적할 수 있는 위치가 되었고, 어머니는 어쨌든 자신이 일을 덜 하는 건 맞으니 사과할 수밖에 없었던 것이다. 나아가 건강한 아버지가 10만큼 일할 수 있다면 언제나 아팠던 어머니는 기껏해야 2~3만큼만 일할 수 있었고, 해낸 일의 양에 비해 더 크게 힘들 수밖에 없었다. 이 점도 충분히 고려되지 않았다.

이렇게 서로의 삶의 경로를 중심으로 접근함으로써 거의 30년 만에 집안일 논쟁에 한 단계 진전이 찾아왔다. 둘 모두에게 남아 있던 찝찝함과 억울함이 해소된다는 것은, 이제 우리가 더 나은 길을 찾을 수 있다는 희망이었다.

개인적인 전략이 가져오는 균열

페미니스트 임상심리학자 해리엇 러너Harriet Lerner는, 누가 연로한 부모를 돌볼 것인가 하는 가족 내의 쟁점에 한 내담자가 대응한 방식을 소개하며 "자기 가족의 역사를 살펴보는 작업"이 중요하다고 말한다.* 우리 가족이 집안일을 조율한 과정을 제대로 이해하기 위해 나에게 필요했던 것도 나부터 양쪽 조부모님까지 (때로는 그 위까지) 적어도 3대에 걸친 가족사였다. 내가 부족하게나마 기술한 가족사를 읽은 뒤에 시작된 나의 두 동거인 사이의 대화는 이전과는 다르게 전개되었다.

'집안일을 모두가 함께 분담해야 한다'는 말 자체는 단순하고, 또 당연하다. 하지만 실제로 집안일을 나누고 그것을 이어 나가는 일, 그걸 왜, 어떻게 해야 하는지 대화하고 설득하는 일은 생각보다 훨씬 복잡한 과정이었다. 그건 무엇보다도 각자의 삶의 경로 안에서 집안일이라는 것이 어떻게 이해되고 있는지, 즉 어떤 의미를 지니고 있는지에 관한 문제였다.

마찬가지로 '할아버지도 자신의 몸은 스스로 챙겨야 한다'는 말도 그 자체로는 단순하다. 그럼에도 이런 변화가 실제로 생겨나는 경우는 찾아보기 쉽지 않다. 이 글에 남긴 변화의 모습들도 얼마나 잘 이어질지 확신할 수 없

---

* 해리엇 러너, 『무엇이 여자를 분노하게 만드는가』, 이명선 옮김, 부키, 2018, 155-171쪽.

다. 이게 삶의 지속적 변화로 이어지려면, 변화가 당위나 가치의 차원이 아니라 일상과 의미의 차원으로 내려와야 한다. 옳아서, 좋은 일이라서 하는 게 아니라 나에게 어떤 감정을 불러일으키는 일이라서, 혹은 습관이 되어 일상에 빠질 수 없는 일이라서 하는 것.

"개인적인 것이 정치적인 것"이라는 문장은 어떤 의미에서 뒤집어도 성립한다. 정치적인 것은 언제나 개인적이기도 하다. 평등이나 차별과 같은 것들은 우리의 개인적 삶 안에 속속들이 파고들어 다양한 의미를 생성하고, 일상에서 우리가 맞서야 하는 건 바로 그런 작은 의미들일 때가 많다. 개인적인 것이 정치적이고 또 정치적인 것이 개인적이기도 하기에, 개인적 대화, 개인적 실천은 곧 정치적 실천이 될 수 있다.

그런 의미 하나하나는 모두 우리의 삶을 초과하는 사회 구조와 관련되어 있다. 그래서일까, 작은 변화를 만들어 내는 과정은 생각보다 복잡했고 그걸 지속하는 일은 그 자체로 끝나지 않는, 지금도 계속되는 분투다. 무엇보다도 여기서 필요했던 것은 윤리나 도덕보다 아버지가 할아버지를 꾀어낸 것과 같은 '전략'에 가까웠다. '성평등을 위해 ~을 해야지' 하고 마음먹었을 때 가장 재빠르게 생겨난 것 중 하나는, 여태 집안일을 하지 않고 살아온 관성에서 잠시 벗어난 것에 따른 얄팍한 우월감이나 성취감이었지 앞으로 이어질 수 있는 습관은 아니었다.

개인적인 대화에 가까운 '2인칭'을 사회 변화의 전략으로 제안하는 걸 누군가는 너무 타협적이라고, 소극적이고 사적인 층위에 머무른다고 말할지도 모르겠다. 맞는 말이다. 하지만 나는 2인칭의 대화를 통한 개인들의 변화가 공적인 층위의 변화와 별개라고 생각하지 않는다.

누군가는 돈이 많아서, 남성이라서, 비장애인이라서, 건강해서, 이성애자라서 권력이 자연스럽고, 그 권력은 얼핏 대단히 견고해 보이기도 한다. 개개인은 너무도 작아서 그런 권력을 부여하는 구조와 맞서 싸울 수 없는 것처럼 느껴지곤 한다. 대화 또한 무력하게만 느껴진다.

그러나 나는 어느 학자의 말마따나 권력이 원인보다 결과에 가깝다고 믿는다. 아니, 그렇게 생각해야 작은 개인들에게서 희망을 모을 수 있다고 생각한다. 한 사람이 바뀔 때마다 그 사람과 연결된 다른 사람들, 수많은 공동체가 영향을 받게 된다. 그렇게 변화들을 모으는 과정에서 구조는 이미 흔들리고 있다. 적어도 나는 그렇게 믿는다. 그저 '평범한' 사람들의 일상에서도 구조에 균열을 낼 가능성을 발견할 수 있다. 이곳에 쓴 이야기가 다른 누군가가 일상에서의 전략을 짜는 데에 조금이나마 도움이 될 수 있길 바란다. 그것이 꼭 행정적인 의미에서의 '가족'과 관련된 상황이 아니더라도.

폭력으로부터 배운
정직한 마음의 태도

이솔

세상에 불행이 존재하는 이유

어린 시절, 초등학생 때로 기억하고 있다. 수업 시간에 교사는 "한 가지 소원이 이뤄진다면 어떤 소원을 빌래?" 하고 학생들에게 물어보았다. 나는 잠깐 고민하다가 "모든 사람이 행복해졌으면 좋겠어요"라고 답했다. 하지만 내 안에서 질문은 멈추지 않았다. 왜 모든 사람들이 행복하지 못할까? 왜 고통스럽고 힘든 사람들이 존재하는 걸까? 어떻게 해야 모두가 행복할 수 있을까?

어린 마음에 곰곰이 고민하다가, 모든 사람들이 솔직할 수 있다면 세상은 그렇게 불행하지 않을 거라는 결론에 다다랐다. 원망이나 시기, 적대 등 타인을 해하려는 마음을 깊숙이 들여다보면, 거기에는 무언가를 간절히 바라는 마음이 있다. 그 마음이 뜻대로 이뤄지지 않을 때 결핍이 생기고, 그 결핍이 배배 꼬이면 타인을 해하고자 하는 마음으로 이어지기 마련이다. 그러므로 그렇게 비뚤어진 욕망이 아니라 정말로 자신이 원하는 것을 솔직하게 들여다보고 말할 수 있다면 세상이 아주 불행하지는 않을 것이다.

이 결론은 지금까지도 내 안에서 계속 견지하려는 삶

의 태도로 남아 있다. '솔직'보다는 '정직'이 더 정확한 말일 것이다. 정직하게 자신을 깊이 들여다보고, 그것을 타인에게도 가능한 한 정직하게 드러내고 표현하고자 애써왔다. 정직함은 무엇이든 성실하게 대면하려는 태도이기도 해서, 자신을 정직하게 들여다보는 일은 곧 타인의 간절한 말 혹은 깊은 침묵을 정확하게 들으려는 노력으로 이어졌다.

물론 만족할 만큼의 정직함에 도달하는 순간은 드물기 마련이다. 인간이 지닌 심리적 방어기제는 무의식적인 것이라 정직하게 대면해야 할 것들을 망각하게 하고, 자기연민에 빠져 스스로를 객관화하지 못하는 상태에 빠지는 경우도 수두룩하다. 이 글을 쓰고 있는 지금도 내가 가장 경계하는 것은 정직함을 강조하는 나 자신이 훌륭하고 이 정도면 괜찮다고 믿는 기만적인 나르시시즘이다.

정직해야 한다고 스스로를 일깨우는 주문은 도달하기 위한 적극적 목표보다는 타인에게 해로운 존재가 되지 않으려는 소극적 다짐에 가깝다. 그렇게 의식적으로 되뇌지 않으면 정직하기를 회피하는 방어기제에 쉽게 넘어가 버리므로. 정직하려는 노력은, 자주 실패하지만 그 실패의 쓴맛을 곱씹어 다음번엔 더 나아지고자 끝없이 발버둥

치는 일이다.

　돌이켜 보면, 어린 시절부터 고집해 온 정직함은 온전한 나 자신이 되기 위한 가장 중요한 태도가 아니었을까. 자신의 감정에 솔직해지는 것, 자신의 감각을 믿고 인정해 주는 것은 갈림길에 처할 때마다 가야 할 길을 알려 주며 용기를 북돋아 줬다. 고통스럽거나 외면하고픈 일들, 언어가 없어 초점이 잘 잡히지 않아 의식 바깥으로 밀려난 것들을 성실하게 의식하려 애쓸 수 있었다. 자신의 위치와 행동의 의미를 자각하며 그에 따른 책임을 잊지 않고자 노력할 수 있었다. 이러한 정직한 태도가 세상에 덜 해악을 끼치며, 나를 지금보다 조금 더 나은 인간으로 만들어 준다고 믿는다.

　이 글에 적어 나갈 언어와 문장에 비교해 현실의 나는 매우 부족한 인간이지만, 그럼에도 정직하고자 분투했던 기록의 단편들을 남기는 것이 그렇게 해로운 일은 아닐 것이다. 내 나름의 사유와 고민의 궤적을 기록하는 것은 이 글을 읽을 누군가에게 보내는 요청이기도 하다. 그렇게 정직하기 위해 노력하는, 세상에 가득한 폭력에 가담하지 않고자 하는 동료를 만들어 갈 수 있지 않을까.

가정, 폭력을 배운 첫 번째 세계

폭력의 경험은 몸과 마음 곳곳에 새겨진다. 멀리 갈 필요 없이 자기 안을 들여다보는 것으로도 확인할 수 있다. 나의 몸 곳곳에도 유년 시절 겪은 폭력의 경험들이 여전히 남아 있다. 시간이 꽤 지난 지금도 내가 그로부터 온전히 자유롭지 않다는 걸 느낄 때가 있다.

한 산업도시에서 태어난 나는 가부장적인 가정에서 컸다. 바닷마을의 어부 집안에서 자란 아버지는 청년일 때부터 남성이 대다수인 공장에서 일했다. 그는 그곳의 남성 문화에서 자유롭지 못했고, 내게 가정폭력은 멀거나 예외적인 경험이 아니었다. 아버지는 할아버지가 술만 마시면 할머니와 자식들을 때렸던 유년기의 기억 탓에 술을 마시진 않았다. 그러나 술은 폭력을 도와줄 뿐 폭력의 근본적 원인이 아니었다. 술을 마시지 않고도 그 나름의 '합리적인' 이유로 아내와 자식에게 화내고 욕하며 폭력을 휘두를 수 있었다.

뻔하고 단순하게, 폭력적인 아버지의 이야기를 언급하며 피해의 경험을 되새기는 데서 멈추고 싶지 않다. 아버지의 이야기는 자기 나름대로 폭력으로부터 벗어나고자 했던 피해자가 다시 가해자가 되는 사연으로 읽혀야 한다. 이는 폭력이 어떻게 대물림되고 연쇄되는지를 보여 준다.

아버지는 "네 엄마의 말은 비합리적이고 앞뒤가 맞지 않는다"며 물리적·언어적 폭력은 어머니에 대한 '답답함' 때문이라고, 그 자신의 행동의 정당성을 자식에게 설명하곤 했다. 그렇게 폭력이 일상적으로 벌어지는 가정에서 어머니 역시 나를 향해 폭력을 가했다. 나는 아버지가 스스로를 합리화하기 위해 동원한 여성혐오를 배우며 그것을 어머니에게 투영했다. 나아가 어머니의 그런 '비합리적인' 모습에 대한 증오는 어머니를 포함한 여성들을 향하는 동시에 나 자신의 남성성과 관련한 검열로도 이어졌다. 닮지 않아야 할, 마땅히 싫어해야 할 모습이고 행동이었다. 피해자는 그렇게 가해자가 된다. 폭력이 일상화된 세계에서 자란 아이는 폭력이 아닌 방식의 관계 맺기를 상상하기 쉽지 않다.

다만 내가 가정에서 겪은 모든 것이 나빴다고 과장하고 싶지는 않다. 아버지에게서도 어머니에게서도 귀중하고 빛나는 것들을 배우지 못한 게 아니므로. 더군다나 고등학생 시절부터 나는 부모에게 자주 대항하며 나를 지키려 노력했고, 그런 과정 속에서 나만이 아니라 부모 역시 스스로를 돌아보며 과거와는 아주 다른 사람이 되었다. 일상화된 폭력 속에서도 나를 지키려 했던 절박한 마음은, 누구도 다시는 폭력을 휘두르지도 입에 담지도 않도록 가족을 변화시켰다. 그러므로 나는 빛과 그림자 모두를 정직하게 인정하고 기록하려 한다.

학교에서 배운 것*

나에게 가정만큼이나, 아니 그 이상으로 끔찍했던 것은 학교였다. 남성중심적 문화나 가부장적 폭력이 또래문화를 통해 어떻게 대물림되는지, 남중·남고를 나온 나는 지금도 선명하게 기억하고 있다. 매일 아침 등교 시간이 지나면, 지각하거나 머리카락이 길다는 이유로 잡힌 학생들이 교사에게 맞는 소리가 복도를 울렸다. 여러 종류의 몽둥이가 공기를 가르고 사람의 피부에 닿을 때의 소리. 그 소리에 진저리 치던 학생들은 한 달이 지나자 그

---

* 김진표의 노래 〈학교에서 배운 것〉에서 따왔다. 해당 곡은 유하의 시 〈학교에서 배운 것〉에 영향을 받은 것으로 알려져 있다.

것을 익숙한 풍경으로 받아들이게 됐다. 폭력의 소리가 들리는 가운데서 웃고 장난칠 수 있었다. 때리는 이와 지켜보는 이만이 아니라 맞는 학생조차 웃으면서 맞곤 했다. 폭력이 너무나 당연한 일상이 되어 버렸으므로.

부모와 교사로부터 폭력을 통한 관계 맺기를 배워 온 청소년들은 그저 피해자이기만 할까? 학생 간의 폭력 역시 일상화되어 있었다. 어린 수컷들은 '누가 더 센가'를 두고 경쟁하며 인정받는 문화 속에 있었다. 자존심과 경쟁심은 서로를 향한 폭력의 원동력이었고, 승자가 얻는 것은 '강한 수컷'이라는 인정이자 '약한 수컷'을 향한 지배욕의 충족이었다. 나는 주로 피해자의 위치에 있었지만, 역설적이게도 그렇기 때문에 그 지배욕 이면의 불안정한 심리와 결핍까지 읽어 낼 수 있었다. 또래를 때리고 제압하여 그의 마음과 행동을 통제함으로써 지배욕을 충족시키는 건 분명 '즐거운' 일이었을 테다. 그렇게 지배당하는 타자를 성립시킴으로써 우월해진 수컷들은 그들끼리의 끈끈한 연대를 만들어 낸다. 요즘의 조어로 말하자면, '빵셔틀'이란 희생양이 존재해야만 지배하는 자의 입장에서 즐거움을 공유하는 연대가 성립되는 것이다.

나는 그런 모습에서 폭력과 지배가 아닌 다른 방식의

관계 맺기에 대한 경험이 결여되어 있다고 느꼈다. 끈끈한 남성연대에 속한 아버지나 형과 같은 '선배 남성'을 보면서, 자신도 거기에 속하고자 욕망하는 동시에 다른 관계에 대한 상상력을 차단당한 것이다. 역설적이게도 그럴수록 교사라는 포식자에게 집중적인 타깃이 되었다. 나와 같이 약한 수컷이었던 이를 조롱하고 때리던 학생들은 수업 시간에 따로 불려 나가 창고 같은 곳에서 교사에게 하루 종일 얻어맞곤 했다. 나를 '사냥'하려 했던 이들이 교사에게 굴종하는 사냥감의 표정을 하고 있었다. 우연히 그 광경을 목격했던 나는 어린 마음에도, 학생의 '비행'이 교사의 폭력을 불러오는 게 아니라 외려 그 반대일 수 있겠다고 생각했다.*

폭력은 모욕을 동반하고 사람의 존엄을 무자비하게

---

*   이런 점에서 나는 학생인권조례에 대한 유력한 반박 논리인 '교권 추락' 담론이 허위적인 것이라고 지적하고 싶다. 교권 추락은 기존의 억압적 질서가 사라지거나 느슨해진 데 따른 일시적인 아노미(규범 부재) 현상의 성격을 지니긴 하나, 근본적으로는 교사와 학교, 사회의 억압적 질서와 폭력적 문화가 학생들의 문화적 저항(소위 '반항')을 만들어 낸다고 할 수 있다. 즉, 최초의 원인 제공은 학생 스스로가 아니라 그들에게 폭력적 문화를 보여 주고 수용하게 만들어 '교권'을 성립시킨 교사에게 있다 하겠다.

짓밟는다. 그로 인해 무너져 내린 자존감은 또 다른 약자를 향한 폭력으로, 누군가를 다시 모욕함으로써 충족되는 지배욕으로 회복되는 것이다. 폭력의 위계 속에서 자신의 힘을 내세우는 것은 곧 생존을 위한 자기증명이었다. 부모와 교사로부터 폭력을 겪었던 아이들은 스스로 회복하기 위해 자신이 배운 폭력을 또래 친구에게 휘둘렀다. 폭력은 연쇄작용을 거치며 누구도 거기서 자유롭지 못하게 만들었다.

"내가 쟤보다는 세다"에서 '쟤'를 맡지 않기 위해서는 피해자가 가해자가 되어야만 했다. 서열 싸움 속에서 위계의 가장 낮은 곳에 처한다는 것은 모두의 사냥감이 되는 일이기 때문이다. 폭력의 위계로부터 완전히 탈출하는 선택지는 제공되지 않으니, 피해자는 폭력의 일부가 되기를 자처해야만 했다. 졸업한 지 오래된 지금도 나를 가장 아프게 하는 기억은, 나를 향한 비웃음과 멸시를 극복하기 위해 나보다 약한 친구를 때리며 내 서열을 증명하려 했던 장면이다. 강한 이에게 대항하지 못하는 비겁함, 폭력의 서열 그 자체가 문제라는 걸 알면서도 얄팍한 보신을 택한 나약함을, 나는 그 순간에도 뚜렷하게 자각하고 있었다. 그것은 나 자신을 '열등한 약자'라 규정해 온 폭력의 논리를 수용하며 굴복하는 것이었다. 나를 지키는 일이 아니라 스스로에 대한 완벽한 모욕이었다. 내가 겪은 고통을 타인에게 동일하게 돌려주는 나를 용서할 수 없었다.

폭력은 반드시 모욕을 동반한다. 폭력은 피해자를 폭력을 당할 만한, 그럴 만한 존재로 만들기 때문이다. 남성들의 서열에서 약자가 된다는 것은 남성에 미달한 존재임을 의미하며, 이때 남성성은 인간으로서의 자격·조건과 거의 동일한 의미로 받아들여진다. 즉 열등한 남성은 열등한 인간이 된다. 폭력은 인간에 다다르지 못한 남성에게 그 사실을 인정하도록 강요한다. 쉽게 말하면 '피해자가 당할 만하니 당했다'는 것이다. 물론 이것은 전도된 인과다. 당할 만하니 당한 것이 아니라, 폭력에 대한 사후적 정당화가 이뤄진 것뿐이다.

그러나 남성들의 세계에서 공유된 위계적·폭력적 또래 문화의 가장 아랫단을 차지하는 것은 정작 남성이 아니었다. 뭉뚱그려진 타자로서의 여성이 거기에 있었다. 남성들만의 공간에서는 타자화된 여성이 설정되기 마련이다. 이름을 지닌 개별적인 사람이 아니라 뭉뚱그려진 범주로서의 여성 말이다. 내가 속했던 모든 남초 공간의 또래 문화에서는 음담패설이나 성적 무용담이 마치 의례처럼 작동했다. 여성혐오와 여성의 성적 대상화는 일상적으로 공유되고 되풀이되는 문화적 코드였고, 그 문화적 코드를 통해 남성성을 확인하고 증명했다. 자신의 화려한 입담이나 경력을 과시하는 이 또래 문화의 의례에 열정적으로 가담함으로써 은근하게 서로가 서로를 남성으로 인정하고 남성성을 겨뤘다. 이는 여성이라는 집단 전체를 성적 대상으로 추락시킨 다음, 그것을 밟고 서서 자신의 남성성을, 곧 인간성을 증명하는 방식이다.

또래 집단에 속한 모든 남성이 이러한 의례에 참여할 자격을 동등하게 지니고 있다는 점에서, 위계가 없는 '평등'한 연대가 구축될 수 있다. 남성 간의 서열에서 윗단을 차지하는 이들만이 남성성 경쟁에 유리한 것은 아니다. 주로 피해자 쪽에 위치하는 남성에게도 음담패설은 남성으로서 인정받을 수 있는 기회이다. 섹스 일화나 그 횟수, 얄팍한 성 지식, 성기의 크기, '페미'라는 물어뜯기 좋은 소재나 여성을 향한 대상화에 있어 언어의 저열한 정도 등의 코드를 통해 다시금 기회를 얻게 되는 것이다. 이는 동시에 생존 방식이기도 한데, 무력과는 또 다른 남성성의 지표를 획득함으로써 폭력의 위계에서 등급 상승이 이뤄질 수 있기 때문이다.

폭력은 평범한 일

2000년대에 청소년기를 보냈던 나는 학생인권조례 제정운동이 각 지역마다 크게 일어나기 직전에 학교를 다녔다. 그렇다면 나의 경험은 이제 어느 정도 과거의 일이 된 걸까? 혹은 작고 예외적인 나의 경험을 과하게 일반화하고 있는 것일까? 오늘날 교사가 가하는 물리적 폭력은 줄어들었을지도 모른다. 하지만 학교 현장에서의 교사의 폭력은 지금도 보도되고 있으며, 나아가 학생을 둘러싼 구조적이고 문화적인 폭력의 토양은 강고하기만 하다. 시기의 차이를 감안하더라도, 나의 경험은 특별하거나 예외적인 것이 아니며 현재와의 연속선상에 놓여 있다.

나는 과거를 추억으로 만드는 담론과 문화에 반대한다. 그것은 몸과 마음에 깊숙하게 새겨진 폭력의 경험을 망각으로 밀어 놓은 채 추억이 될 만한 것만을 기억하도록 만든다. 그리하여 폭력을 예외적인 것으로 치부하고, 폭력을 증언하고 그것에 대항하는 목소리를 그저 시끄럽고 유난 떠는 것으로 만들어 버린다.

하지만 정직해지자. '정상가족'이 이데올로기인 것은 그러한 정상성에 도달할 수 없음에도 불구하고, 모범적이고 화목한 가족의 상에 어긋나는 경험을 말하고 의식하며 공유하기를 억압하기 때문이다. 내가 만나고 이야기 나눈 수많은 친구들의 가정은 '비정상'이었다. 모두가 기억 깊숙한 데 묻어 둔 가정폭력의 경험을 토로했다. 청소년기 학생의 삶은 과연 추억으로만 남을 경험이었는가? 입시 경쟁의 고통은 차라리 말해질 수 있는 경험이다. 교사로부터, 친구로부터 겪은 폭력의 경험은 말해지지 않는다. 말해지더라도 폭력의 구조와 문화까지 나아가지는 않는다.* 안온한 일상을 유지하기 위해 폭력의 경험은 예외적이고 일시적인 것으로 치부되어야만 한다. 이는 정직하지 못한 것이다.

한편 군대는 예외적인 폭력의 집합소처럼 여겨지기도 한다. 종종 군대를 예외적인 시공간으로 상정하고서 군부대의 남성 문화를 여성혐오나 젠더 기반 폭력의 중요한 원인으로 지적한다. 이것을 틀렸다고 말할 수는 없겠지만, 군대 경험이 남성에 미치는 영향을 과도하게 특

* 웹툰 등의 대중문화에서 학교폭력은 자주 다뤄지는 소재다. 그러나 이를 풀어내는 서사는 개인적이고 통쾌한 사적 복수담에 머무르는 경향을 보인다. 폭력에 연루된 것에 대한 집단적 저항이나 성찰, 구조와 문화에 대한 문제의식은 잘 드러나지 않는다.

수화할 위험이 있다. 군대가 징집된 사병에게 여러 종류의 신체적 훈육과 문화적 코드의 습득, 반공주의 및 군사주의 이데올로기 교육을 강제하는 것은 분명 사실이다. 남성만으로 이루어진 병영에서 여성혐오적 또래 문화가 만연한 것 역시 부정할 수 없다. 하지만 앞서 살펴보았듯이 모든 것들이 군대에서 처음 이뤄지는 것이 아니다. 군대에서 훈육·습득되는 폭력적인 코드와 문법은 가정이나 학교, 사이버 공간 등에서 이미 익숙하게 보아 온 것들이다.* 나는 오히려 군대가 익숙했다. 가정이나 학교와 완전히 동일시할 순 없지만, 앞서 서술한 폭력들이 연속되는 공간이었기 때문이다.**

물론 그렇다고 폭력을 과장할 필요는 없다. 유년 시

---

* 이를 군사주의의 맥락에서 보자면, 오랜 냉전적 대결과 사회 전반에 뿌리내린 군사적 동원 체제의 유제가 여전히 한국 사회를 규정한다고 할 수 있다. 권인숙, 『대한민국은 군대다』, 청년사, 2005; 문승숙, 『군사주의에 갇힌 근대』, 이현정 옮김, 또하나의문화, 2007.

** 군대에서 겪은 폭력의 피해 또한 잘 이야기되지 않는다. 군대 경험은 지배권력이 수용할 수 있는 선에서 선택적이고 편향적으로 이야기될 뿐이다. '군무새'라고 비아냥의 대상이 되는 이야기들이 당장 그러하다. 나는 군 복무에 대해서도 정직하게 폭력의 경험을 직시하고 사유해야 한다고 생각한다.

절이 불행했다고 하더라도, 그 시절 한 톨의 행복이나 즐거움이 없었다고 말할 필요는 없는 것이다. 오히려 폭력은 평범한 일상에 깊숙하게 들어와 있어 일상의 행복과 폭력의 고통은 대개 뒤섞이기 마련이다.

그와 반대로 폭력을 축소하는 것도 문제적이다. 이는 폭력에 연루된 경험을 망각 속으로 밀어 넣고 평범한 일상과 추억만을 기억 속에 남겨 둘 뿐이다. 망각은 스스로의 피해도 가해도 지워 버림으로써 타인의 고통만이 아니라 자신의 고통조차도 무책임하게 대하도록 만든다. 이는 냉소와 혐오가 배양되는 토양이 된다. 폭력을 증언하는 타인의 목소리를 냉소하고 나아가 거기에 혐오를 투사하는 마음의 이면에는, 그런 타인의 일이 '남의 일'에 지나지 않는다는 전제가 깔려 있다. '남의 일'이라는 감각은 자신은 그러한 폭력으로부터 자유롭거나 또는 자신이 겪은 폭력과 타인이 겪은 폭력이 만나지 않는다고 믿을 때 성립한다. 이는 곧 자신이 가하고 겪는, 자신을 둘러싼 폭력들로부터 눈을 돌려 외면하는 것이다. 그럼으로써 폭력의 연쇄는 계속된다. 폭력을 증언함으로써 연쇄를 종결시키려는 많은 노력이 폭력을 정직하게 대면하길 거부하는 싸늘한 시선 앞에 멈춰 선다.

폭력으로 가득 찬 세계

폭력은 온 세상에 편재해 있어 언제 어디서나 일어나며, 누구도 폭력으로부터 자유로울 수 없다. 폭력은 연쇄작용을 거쳐 모두의 삶을 관통해 간다. 피해자 역시 폭력의 방관자로서, 혹은 자신보다 더 '아래'의 존재를 향한 전도된 가해자로서 폭력에 연루되기 마련이다. 폭력은 일반적이며 다만 의식되고 기억되지 않을 뿐이다. 우리가 살아가는 이 세상은 무수한 폭력을 지반으로 삼아 그 위에 세워져 있다.*

2014년에 일어난 세월호 참사는 국가가 사람들의 생명을 얼마나 무책임하게 내던져 버리는지를 온 국민이 목도하도록 만들었다. 눈 돌릴 데가 없을 만큼 온갖 미디어들이 세월호가 침몰하는 장면을 전시했고, 그것을 목격한

---

* '폭력의 연쇄'는 볼프강 조프스키를 읽으면서 떠올린 개념이다. 독일의 폭력사회학 전통에서 작업한 조프스키는 문명과 사회가 폭력을 바탕으로 건설되고 유지되며, 그것이 태초의 폭력으로부터 현재까지 이어지고 있다고 주장한다. 이 과정에서 피해자가 가해자가 되고 대항폭력이 지배의 폭력이 되는 폭력의 전도를 발견할 수 있다. 볼프강 조프스키, 『폭력사회』, 이한우 옮김, 푸른숲, 2010.

무수한 사람들의 마음이 무너져 내렸다. 나는 그 마음을 '절망'이라고 일컫고 싶다. 예외적이거나 우연한 사고라고 생각한다면 절망하지 않는다. 세월호 참사를 부인하려는 자들이 말하는 것처럼 '교통사고'에 지나지 않게 된다. 그러나 사회가 만들어 낸 압도적인 인재人災를 겪으면서, 사람들은 국가가 늘 우리에게 잔인하고 무책임한 존재였다는 사실을 상기하게 됐다. 그렇기에 절망에 이르는 것이다. 예외적인 참사는 그 예외야말로 일상이자 정상이고 평범한 것이었음을 상기시켰다.

세월호 참사를 보면서 많은 이들이 한국전쟁 시기 이승만 대통령이 서울 시민들에게 안심하라고 말하면서 한강다리를 폭파시키고 도망갔던 역사적 기억을 떠올렸다.*

---

* 이 집단적 기억은 역사적 사실과는 다르다. 이승만이 "서울은 안전하니 국민 여러분은 안심하고 생업에 종사하라"고 했다고 알려져 있으나 실제 녹음방송 내용은 이와 다르다. 다만 이승만 정부 및 군의 판단에 의해 당시 중앙방송국에서 전황을 매우 낙관적으로 보도하며 수원 천도 소식을 알리지 않았고, 서울 시민들이 피란을 떠나지 않도록 유도한 것은 사실이다. 1950년 6월 28일 새벽에 벌어진 한강다리 폭파도 이승만의 지시로 이뤄진 것은 아니었다. 그럼에도 특정한 기억이 사회적으로 전승되고 있다는 것은 국가에 대한 '사실'을 넘어선 어떤 진실을 함의하고 있다.

대한민국은 북한에 대립해 그 스스로의 정당성과 체제를 성립시키고자 무수한 민간인을 학살했다. 과연 이 국가는 국민을 위하고 지켜 주었던가. 그렇지 않다는 사실을, 침몰해 가는 세월호 앞에서 참담하게 인정하지 않을 수 없었다.

세월호 참사는 잠들어 있던, 국가폭력에 대한 사회적 기억을 불러일으켰다. 나는 세월호 참사가 일어나고 두 달 후 입대했다. 곧이어 육군에서 선임병들에 의해 벌어진 살인사건이 사회적 이슈가 되었다. 그로 인해 다른 부대에서 후임병에 대한 가해를 주도했던 선임병이 탈영하기도 했다. 내가 복무하던 곳의 바로 옆 부대에서 벌어진 일이었다. 군부대 내에서 사병들에게 자행된 폭력은 군이 그것을 묵인하고 은폐해 온 관행, 즉 명백한 국가폭력의 결과였다. 비정규직 청년 노동자가 숨진 구의역 사고를 비롯한 기업 중대재해의 이면에는 노동자 개인에게 책임을 떠넘겨 온 기업의 하청 관행과 그것을 관리·감독할 책임을 방기해 온 국가가 있었다. 그리고 여성들은 "여성에게 국가가 없다"고 외치며, 젠더 기반 폭력을 묵인하고 가해자에게 솜방망이 처벌을 해 온 국가가 사실상 폭력을 조장해 왔음을 지적했다.

폭력이 예외적인 것이 아님을 절감할 때, 사람들은 절망하면서 이윽고 폭력에 대항하기 시작한다. 2016년 강남역에서 일어난 살인사건에 수많은 여성들이 분노하고 슬퍼한 것이 그러하다. 많은 이들이 지적했듯이 '강남역'이라는 장소는 폭력의 일상성, 편재성을 상징적으로 보여주었다. 한 여성의 죽음이 '남의 일'이 아니라는 감각은 자신 또한 언제 어디서나 젠더 기반 폭력의 대상이 될 수 있다는 절망이었다.* 동시에, 정직하게 절망하는 마음들이 공명하면서 여성들은 과거로는 '돌아갈 수 없는' 다른 세상으로 나아가기 시작했다. 이후 미투 운동에 많은 여성들이 호응하고 연대한 것 역시 마찬가지다.

미투 운동이 한창이던 시기, '미투 운동의 선구자'로 일본군 '위안부' 피해자들이 언급되기도 했다. 1991년 김

---

* 권김현영은 이 대목에서 귀중한 통찰을 제시하고 있다. 그는 해당 살인사건에 대한 반응에서 "나일 수도 있었다"와 "나는 너다"를 구분하며, 전자가 살아남은 자가 죽음에 연루되어 있음을 자각하는 순간인 반면 후자는 '피해자'와 '나'를 구분하지 못하는 동일성의 정치학으로 미끄러질 수 있다고 경고한다. 권김현영, "성폭력 2차 가해와 피해자 중심주의의 문제", 『피해와 가해의 페미니즘』, 권김현영 엮음, 교양인, 2018, 66-67쪽.

학순의 증언으로 시작된 일본군 '위안부' 운동*은 지속되는 성폭력의 역사를 상기시켰다. 일제 시기 '위안부' 또는 '위안소' 제도의 유산은 해방 이후 한국 사회에서 청산되지 않은 채 오히려 국가에 의해 활용되며 계승되었다.** 여성에 대한 폭력은 수정될 수 있는 예외적인 일탈이 아니라 국가의 존립을 위한 토대였다. 이러한 폭력 없이 대한민국의 존속과 성장은 불가능했다.***

1990년대 일본군 '위안부' 운동과 함께 국제법에서 여성에 대한 전쟁범죄를 고려하도록 만든 계기였던 보스니아 내전의 사례를 생각해 보자. 보스니아 내전 당시 세르비아 군은 보스니아 무슬림 여성들을 주 타깃으로 삼아 성폭력을 조직적으로 기획하고 실행했다. 집단적으로 여성들을 수용하는 이른바 '강간 캠프'를 세워 수만 명을 강

---

* 어느 정도 알려져 있지만 최초의 증언은 오키나와에 살던 배봉기의 1975년 증언으로, 이는 사실상 "강요된 자기증명"으로서의 증언이라 할 수 있다(김미혜, "오키나와의 조선인: 배봉기 씨의 '자기증명'의 이중적 의미를 중심으로", 『나'를 증명하기』, 이정은·조경희 엮음, 한울, 2017). 또한 '위안부' 운동과 연구는 '기생관광 반대운동'을 비롯한 그 이전 시기에 활동하던 페미니스트들에게 빚을 지고 있다. 1991년 김학순이 갑자기 나타난 것이 아니라, 역사를 관통해 지속된 성폭력과 싸워 온 오랜 운동의 역사가 그 이면에 존재한다.

간한 것이다. 이는 성폭력을 군사적 전술로 활용한 것으로, '인종청소'의 일환으로 강제 임신을 통해 세르비아인을 출산시키려는 목적에서 행해졌다. 이러한 전시 성폭력은 전쟁이 끝난 뒤에도 살아남은 여성과 원치 않은 임신으로 출산한 아이, 그리고 이들이 살아가는 공동체를 무겁게 짓누른다.

이것은 예외적 사례가 아니다. 오늘날 내전이 계속되는 미얀마에서도 이러한 일은 버젓이 일어나고 있다. 역사적으로 전쟁이 없는 시대는 없었으며, 전쟁과 여성에 대한 폭력은 늘 떼어 놓을 수 없는 관계였다. 그렇다고 성폭력이 전시에만 일어나는 일도 아니다. 일상에서 잘 드러나지 않을 뿐 성폭력은 '흔하고 평범한' 일이다. 그렇다면, 지금 살아 있는 모든 인간은 적어도 한 번 이상은 강

** 미군정 시기 성매매는 공식적으로 불법화되었으며 이를 신생 국가인 대한민국도 계승했다. 하지만 한국전쟁 시기 국가와 군대는 유엔군 및 국군 '위안소'를 설치·운용했으며 이는 공식문서로 확인된다. 1950년대에 '위안부'는 잊힌 이름이 아니라 별 문제로 인식되지 않는 용어였다. 박정미, "한국전쟁기 성매매정책에 관한 연구: '위안소'와 '위안부'를 중심으로", 「한국여성학」 27권 2호, 한국여성학회, 2011.

*** 캐서린 문, 『동맹 속의 섹스』, 이정주 옮김, 삼인, 2002.

간에 의해 태어난 이의 후손이 아닐까. 태어나기도 전에 이미 폭력이 개입되어 있었던, 폭력에 의해 탄생한 생명들, 즉 폭력의 자손들 아닐까. 폭력이 사회를 만들고 생명을 잉태시켜 왔다면, 과연 누가 폭력에서 자유롭다고 말할 수 있을까.

저항하는 용기

앞서 이야기했듯, 폭력으로 가득한 세계를 정직하게 대면하는 일의 괴로움을 '절망'이라 이름 붙일 수 있다. 자기 자신이 폭력으로부터 자유로울 수 없다는 것, 누구나 폭력에 깊게 연루된 피해자이고 또 가해자이기도 하다는 것을 인정하는 일은 평온한 세계를 붕괴시킨다. 여기서 고개를 돌리지 않은 채 눈을 부릅뜨고 절망을 바라보는 것, 괴로움으로부터 달아나기를 거부하는 마음의 태도를 나는 '정직한 절망'이라 부르고 싶다.

정직한 절망의 태도는 절박한 질문을 낳는다. 괴로우므로 질문을 던지는 것이다. 내가 겪은 건 무엇이었는가? 왜 나는 폭력의 타깃이 되었는가? 왜 이 세상은 폭력으로 가득한가? 어째서 다들 아무렇지 않게 가해자가 될 수 있는가? 이러한 질문들은 고통에 근거하고 있다. 고통스럽기에 그 고통을 이해하고 설명하고 싶은 것이다. 그래야만 숨통이 트일 것 같으므로. 살기 위해 질문을 던진다.

청소년 시절의 나는 무작정 거리를 걸어 다니곤 했다. 목적지나 이유가 있었던 것이 아니다. 땅을 밟으며 피부를 스치는 공기를 느끼는 시간 속에서 마음을 들여다보고, 거기에 질문과 답을 던지곤 했다. 그 시간들이 당시의 나를 성장시켰고 지금까지 살아 있도록 만들어 주었다.

그 시절 집과 학교 앞에 서면 비유가 아니라 말 그대로 숨이 막혔다. 집과 학교를 오가는 일상에서 거리는 숨통을 틔울 수 있는 유일한 공간이었다. 철학이나 사회과학 서적을 읽으면서 마음이 머무는 문장이나 떠오른 질문을 거리를 걸으며 곱씹었고, 집에 돌아와 기록하듯 일기를 쓰곤 했다. 누가 시킨 것도 알려 준 것도 아니지만 숨막히는 일상 가운데 그런 일을 반복했다. 지금 돌이켜 보면, 그때의 나는 살기 위해 알아서 언어를 찾아 헤맸던 것이다. 고통과 괴로움은 설명과 납득이 가능한 언어를 갈망하게 만들었다. 물론 그 갈망은 지금도 여전하다.

고등학교 시절 우연한 경로로 만나게 된 청소년 인

권운동은 막연한 감각을 선연한 확신으로 점차 바꿔 놓았다. 누구나 부당하거나 잘못됐다고 느낄 수 있지만, 그렇다고 모두가 그 감각을 선명한 언어와 논리를 통해 인정하고 수용하는 것은 아니다. 무엇이 부당한지 분명하게 지적하고 왜 부당한지 설명할 수 있어야만 일상화된 억압의 논리에 대항해 자신의 감각을 긍정할 수 있게 된다. 당시 나는 청소년 인권운동을 통해 그러한 논리, 저항의 선례, 그리고 용기를 배울 수 있었다.

저항하고자 하는 순간부터 언어에 대한 강렬한 열망이 시작되기 마련이다. 인권, 페미니즘, 사회 구조에 대한 비판 등을 다루는 책들을 읽으며 흐릿한 세상이 선명하게 보이기 시작하는 짜릿함을 느꼈다. 내가 청소년이던 2000년대 중반은 반전 평화운동이나 국가주의 및 권위주의 비판 등이 한국 사회에 균열을 내며 중요한 저항담론으로 부상했던 시기이기도 하다.* 가부장적인 문화가 강

---

* 당시에 읽은 책들로부터 받은 영향은 지금 쓰는 이 글 곳곳에도 묻어난다. 몇몇 저서를 소개하면 다음과 같다. 박노자, 『당신들의 대한민국 2』, 한겨레출판, 2006; 배경내, 『인권은 교문 앞에서 멈춘다』, 우리교육, 2000; 정희진, 『페미니즘의 도전』, 교양인, 2005; 조주은, 『페미니스트라는 낙인』, 민연, 2007.

한 도시에서 그런 문화 속에 있던 아버지를 두고 남중·남고를 다녔던 나 역시 시대적 영향을 짙게 받았다. 남성성이나 군사주의, 정상가족 이데올로기 등을 비판적으로 다루는 페미니즘 담론은 당시의 나에게 그야말로 해방적 언어였다.

그러면서 교사에게 저항했다. 학생인권조례가 제정되기 이전이었다. 교사가 바리캉을 들고 와 학생들의 머리에 소위 '고속도로'를 내고, 온갖 종류의 몽둥이로 다양한 부위를 때리는 것이 일상적이었다. 내가 다녔던 학교는 병영적, 권위적 공간이었고 이를 굳이 설명할 필요도 없었다. 나는 그런 행위들을 '인권 침해'라 말하며 교사들과 논쟁했고, 두발 자유화나 체벌 금지에 대한 서명운동을 하기도 했다. 군대 가면 남자가 된다고 말하는 교사에게 병역거부 운동을 얘기하며 논쟁했다. 이런 작은 저항들도 당시의 내겐 큰 용기를 필요로 했다.

친구들의 냉소와 비웃음을 마주하곤 했다. 많은 경우, 저항하는 용기는 호응은커녕 자발적 순응을 원하는 사람들에 의해 가장 먼저 가로막힌다. 교사들은 내게 사소한 불이익을 주기도 했다. 어떤 교사는 구둣발로 한 시간 넘게 나를 밟았다. 교감을 비롯해 여러 교사들이 퇴학을 비롯한 각종 위협을 가하며 나를 협박했다. 가진 자원도 없는 10대 시절의 내가 할 수 있는 일이 많지 않았다.

돌이켜 보면 나는 순진했던 것이다. 어른이 그렇게 비겁한 존재인 줄은 몰랐다. 내 나름대로 정당한 반박 논리를 준비해서 조리 있게 따지고 들어도 그저 힘으로 뭉개 버리면 그만이었다. 나는 천천히 고립될 수밖에 없었다. 그런 경험들 속에서 갈등이란 권력의 문제라는 것을 서서히 몸으로 깨달았다. 비판하고 저항하는 목소리가 의미 있는 갈등을 만들어 내려면, 최소한 지배 권력에 '위협'이 될 만큼의 힘이 있어야 했다. 어떤 목소리는 그런 힘이 없기에 갈등을 만들어 내지도 못한 채 조용히 사라진다.*

한동안은 자괴감에 시달렸다. 용기 내서 더 강하게

---

* 갈등이 가능하려면 최소한 갈등을 야기하는 목소리가 들릴 수 있어야 한다. 압도적인 권력관계에 놓여 있다면 제아무리 불만과 비판을 말한들 진지하게 취급될 리 없다. 그럴 때 유일하게 가능한 말은 기존의 규범과 질서를 무너뜨리는 '폭력'일 것이다. "전쟁만이 남자들이 알아듣는 유일한 언어"라고 한 영화 〈서프러제트〉(2015)의 대사가 이를 잘 보여 준다. 프란츠 파농의 문장도 같은 맥락에 있다. "무장투쟁은 민중이 오직 폭력적인 방법에만 의지하기로 결심했다는 것을 뜻한다. 그들은 늘 원주민이 알아듣는 유일한 언어는 무력의 언어라고 말했는데, 이제 그가 무력을 통해 발언하기로 결심한

저항할 수 없었을까, 그런 질문이 가슴 한편에서 계속 맴돌았다. 스스로를 부정직하고 비겁한 겁쟁이라고 생각했다. 하지만 지금은 그렇지 않다는 것을 잘 안다. 고립된 개인이, 그것도 동원할 수 있는 권력 자원이 극도로 빈약한 평범한 청소년이 할 수 있는 일이란 건 애초에 많지 않았다. 저항을 위해 사람들을 모으고 조직하는 것이 필요하단 것도 알지 못한 채, 그저 개인의 용기만으로 벽을 무너뜨리는 건 불가능한 일이었다. 노동운동을 하던 아버지조차 그런 짓 하지 말라며 때렸으니까. 누구도 내 편이 되어 주지 않던 그 시절, 내 나름의 작은 용기와 분투가 최선이었음을 이젠 안다.*

것이다. … 원주민이 택한 논거는 이주민이 제공한 것이었으나, 공교롭게도 이제는 상황이 역전되어 식민주의자가 오로지 무력만 알아듣는다고 말하는 측은 원주민이다." 프란츠 파농, 『대지의 저주받은 사람들』, 남경태 옮김, 그린비, 2010, 95-96쪽.

* 여담이지만, 페미니즘 리부트 시기에 자신을 '페미니스트'라고 당당히 얘기하기 시작하던 이들을 보며, 집단적 서사 속에서 조우하여 집단으로서 스스로를 호명하는 것이 부럽게 느껴지기도 했다. 나에게 페미니즘은 오랫동안 아주 개인적인 서사 속에서 읽히고 이해되어 왔기 때문이다.

고통에서 찾아낸 언어

지면으로는 차마 다 언급할 수 없을 여러 사연과 심리적 상흔들을 겪으며 나는 10대, 20대 내내 깊은 우울증에 시달렸다. 그런 시간을 통과하는 중 스무 살에 내가 화두로 붙잡고 고민했던 것은 '자기애'였다. 나르시시즘이 아니라 자신을 수용하고 인정하고 사랑하는 자세.*

우울증이 그렇듯 나 역시 바닥없이 내려앉는 끝없는 자기비하, 자기혐오에 심각한 수준으로 시달리곤 했다. 자기혐오와 고통은 여전히 기대와 희망이 있기에 생겨나는 것이다. 기대와 희망이 번번이 좌절됨으로써 견딜 수 없는 마음의 진통이 생기고, 그 진통의 원인을 자신에게서 찾는 것이 자기혐오를 불러일으킨다. 그러한 마음의 끝에, 아무것도 바라지 않는 텅 빈 상태가 찾아왔다. 고통도 사라지고 의미도 사라진 평온한 공허. 그제야 삶과 죽음이 동등해졌다. 아무런 기대도 없다면 삶은 의미 없이

---

* 페미니스트 사상가인 벨 훅스 역시 나르시시즘과 자기애를 구분하면서 사랑에 있어 자기애가 얼마나 중요한 덕목이자 태도인지를 강조한다. 벨 훅스, 『올 어바웃 러브』, 이영기 옮김, 책읽는수요일, 2012, 104-105쪽.

비어 있는 것이 되므로 죽음과 다르지 않다. 죽음이 삶보다 평온한 것이 되었기에 나는 죽기로 결심했다.

죽음이 결론이라면 당연히 이 글은 쓰이지 않았을 것이다. 자살을 시도하기 직전에, 울음소리가 들렸다. 내 안 가장 깊은 곳에서, 내가 끝내 외면하고 혐오했던 어리고 약한 나 자신이 울고 있었다. 그 울음소리가 갑자기 나를 뒤흔들었고 순간 많은 것을 이해할 수 있었다. 내가 들어주지 않아 그토록 외롭고 서럽게, 목이 터져라 울음소리를 내고 있었던 것이다. 다른 이들이 듣지 못한다 하더라도, 무엇보다 내가 듣고 안아 주고 사랑하지 않으면 안 되었던 존재가 거기 있었다. 역설적이게도 그 울음소리가 나를 붙잡고 살렸다.

마음은 종종 무너지고 추락하기 마련이다. 누구나가 그러하다. 하지만 마음을 바닥으로 끌어내리는 중력은 대개 개인의 탓이 아니다. 자기비하나 자기혐오의 논리는 마음 안에서 자생적으로 일어나는 것이 아니라, 마음 바깥에서 침입하여 어떻게든 사람을 제압하고 지배함으로써 수용하게 되는 것이다. 나는 많은 폭력들로부터 스스로를 지킬 수 없었다. 폭력이 동반하는 자기합리화의 논리들이 나를 파고들어 내가 겪는 폭력을 정당화했다. '당할 만하니까 당했다'는 논리는 가해자만이 아니라 피해자에게도 스며들어 사람을 갉아먹는다. 자기비하나 자기혐오는 바로 그러한 외부적 논리를 내면에서 반복하는 것이다.

따라서 이 모든 경험이 아주 개인적이고 어떤 집단적 서사에도 귀속되지 않는 것이라 할지라도, 나는 내 안의 우울과 절망으로부터 사회를 읽어 낼 수 있었다. 그것이 내가 고통과 괴로움을 직시하면서 찾아내려던 언어이기도 했다. 내가 겪은 폭력들은 언제나 온 사회에 편재한 사회적 폭력의 일부였다. 내가 겪은 고통과 괴로움은 사회적 고통의 부분이었다. 스스로를 사랑할 수 없게 만들고 사람을 아프게 하는 것 역시 이 사회가 만들어 낸 것이었다.

그렇다면, 외롭게 목이 타도록 울던 나 자신이 오직 내 안에만 있을 리가 없었다. 이 사회를 버티는 많은 이들 역시, 마음 깊은 곳까지 정직하게 닿지 못했을 뿐 작고 여린 마음이 욱신거리는 채로 살아가고 있을 터였다. 자기애를 달성하는 것과 타인에 대한 사랑과 연민은 이어져 있었다.

타인이 나의 일부가 되는 감각

20대 초반, 청소년 성소수자를 다룬 다큐멘터리 영화를 보며 많이 울었던 기억이 있다. 영화의 주인공들은 자신의 정체성을 고민하면서 괴로워했고, 스스로를 인정하고 받아들이기 위해 많이 아파야 했다. 내면에서만이 아니라 가정과 학교에서 그들이 겪는 경험은 너무나 폭력적인 것이었다. 이성애자인 나는 그들의 경험과 사연을 마주하면서 영화를 보기 힘들 정도로 아파하며 울었다. 그들이 겪는 폭력을 나 역시 속속들이 알고 있었으니까. 정체성과 맥락의 차이에도 불구하고 폭력의 경험이, 그 폭력이 오랫동안 몸에 새겨 놓은 고통의 기억이 공명하고 있었다. 굳이 맥락을 상상하려 하지 않아도 몸이 먼저 반응하고 있었다.

죽을 뻔했던 이후로, 저마다 다른 정체성과 사연을 지닌 사람들을 많이 만났다. 나는 사람들 내면에서 자기애를 갈구하는 목소리를 듣고 싶었다. 그들에게 말을 걸고, 그들의 사연을 듣고, 그 사연 속에서 그들이 느꼈을 감각과 마음을 들으려 했다. 상대에게 얘기를 요구하는 것이 아니라 나의 사연과 마음을 먼저 드러내고 다가가면

닿을 수 있으리라 믿었다. 내 안에 있는 마음의 힘을 전해 주며 위로가 되고 싶었다. 노력한다면, 서로의 마음이 공명할 수 있으리라 믿었다.

아마 누군가는 나의 그런 태도가 당혹스럽거나 불쾌했을 것이다. 드러내고 싶지 않은 마음까지도 읽으려 한다고 느꼈을 테니까. 많이 서툴렀던 것이다. 적당한 거리가 위로가 될 때도 있고, 듣지 않거나 모른 척 넘어가는 것이 필요할 때도 있다. 그럼에도 타인의 말을 듣는 일에 진지하고 성실하게 임하려 했던 당시의 태도를 자책하지는 않는다. 늘 실패했던 것도 아니었으니.

내가 알지 못하는 맥락 속에 있다는 걸 염두에 두면서, 타인의 말을 들을 때 그들의 경험적 맥락과 그에 기반한 마음까지도 들으려 애써야 한다고 다짐하곤 했다. 나에겐 그것이 타인의 고통스런 이야기를 듣는 윤리적 태도였다. 위치와 맥락의 차이를 인정하고 감안하면서도 그 맥락 속으로 뛰어들고자 노력했다.* 타인의 말을 듣는 일은 상대를 함부로 판단하거나 규정하지 않도록 스스로를 검열하면서 이해하려는 시도였고, 쉽게 조언하고 결론 내리길 경계하는 가운데 상대의 맥락과 마음에 필요한 말이 무엇인지를 조심스레 찾아가는 노력의 과정이었다. 분명,

차이에도 불구하고 이어질 수 있었고 경험과 고통은 공명할 수 있었다. 조심스레 건넨 위로가 닿을 수 있었다.

그런 경험들 속에서 참 많은 것을 배웠다. 대답이나 위로가 아니어도, 잘 듣고 질문하는 일은 그 자체로 타인의 거울이 되어 주는 것이었다. 듣는 이가 '잘 들을수록' 말하는 이 역시 자신의 감각을 인정하고 객관화할 수 있게 되었다. 상대의 감각과 느낌을 옳고 그름의 잣대가 아닌 그 자체로 인정하고 존중하는 것만으로도 위로를 전할 수 있었다. 빠르면 빠르게 느리면 느리게 상대의 사고 과정과 말의 속도에 맞추어 기다리기도 하고, 모호하기에 풍부한 말로서 긴 침묵을 듣기도 했다. 그렇게 상대를 비추는 거울이 되고자 할 때, 나 역시 상대의 두꺼운 맥락들

* 페미니즘은 내게 '듣는 태도' 또는 '듣기의 윤리'를 고민하는 데 있어 중요한 참조점이었다. 구술사 등 질적연구 방법에서 페미니스트들은 위치성과 권력관계에 대한 성찰을 연구윤리의 문제로 강조해 온 바 있다. 듣기의 윤리와 관련해 근래 내게 언어를 제공해 준 것은 철학자 마사 누스바움으로, 그는 '문학적 상상력'이라는 개념을 통해 타자의 맥락 속으로 들어가는 지적 능력을 강조한다. 누스바움은 주로 문학텍스트를 통한 맥락적 독해의 훈련의 측면을 논의하지만, 나는 이것을 듣기의 문제로 고민하게 된다. 마사 누스바움, 『시적 정의』, 박용준 옮김, 궁리, 2013.

속으로 들어가 함께 아파하고 화내곤 했다. 서로가 서로의 거울이 되는 대화 속에서 함께 성장할 수 있었다.

페미니즘 리부트 시기엔 특히 내 또래 여성들의 이야기를 많이 듣게 되었다. 친구가 어린 시절의 성폭력 경험에 대해 털어놓기도 했고, 얘기를 들어 주면 좋겠다는 이유로 소개받은 이의 사연을 초면에 듣기도 했다. 더듬더듬 문장을 이어 가기도 하고 와르르 쏟아 내기도 했다. 그 모든 말들을 성실하고 진지하게 듣고자 했다.

화를 내는 말 속에, 사건을 겪을 때나 그 이후에 스스로를 잘 지키지 못한 것에 대한 아픔과 미안함이 있었다. 가해자든 주변인이든 아무리 얘기해도 자신의 말을 들어 주지 않았다거나, 사건 이후로 오히려 사람들 사이에서 고립되고 이해받지 못했던 경험이 오랜 마음의 짐으로 남아 있기도 했다. 자신은 당당하고 아무렇지 않다고 변명하듯 화를 내기도 했고, 손목의 상처를 보여 주며 어색하게 웃기도 했다.

그 모든 말과 눈빛, 표정들이 내 안으로 들어와 나를 뒤흔들었다. 얘기를 듣고 나면 항상 다음 날 몸이 아팠다. 그들의 사연이 뒤섞이며 나의 일부가 된 것처럼 몸이 아팠다. 그 아픔을 표현하고 설명하고 이해하고자 언어로 정리하고 나면 몸이 씻은 듯이 개운해졌다. 나는 그것이 타인의 이야기가 내 안에서 소화되어 나의 일부가 되는 과정이라고 생각한다.

이는 또한 타인의 아픔을 통해 나 자신에게 돌아오는 경험이기도 했다. 내 안으로 스며든 타인의 아픔에 언어를 달아 문장으로 만들면서, 나도 모르게 응어리졌던 나의 이름 없는 상흔들이 어루만져지는 느낌을 받곤 했다. 상황도 맥락도 이유도 다를지언정 이상하게도 폭력은 참 흡사한 메커니즘으로 사람들을 아프게 하고, 그 폭력에 반응하며 고통을 감내하는 태도나 마음 역시 각자 다르면서도 비슷하다. 그래서 내게 자기 이야기를 들려주었던 이들을 위로하는 일은 나 자신의 유년 시절에 대한 애도를 동반했다.

알기에, 외면할 수 없는 마음

듣는 일은 쉽지 않다. 내밀한 상처들을 진솔하게 늘어놓는 목소리 앞에서, 나는 세상에 당신과 나 두 사람밖에 없는 것처럼 온 마음을 다해 집중하여 듣고자 애썼다.

이는 상당한 시간과 에너지를 필요로 했다. 더군다나 얘기가 끝나도 그 후유증이 며칠을 갔다. 하지만 얘기를 들어 달라는 부탁을 단 한 번도 뿌리치지 못했다. 대단한 의무감이 있어서가 아니다. 다만 자신의 손을 잡아 달라는 요청을 번번이 거절당한 그가 이번에도 거절당한다면, 이게 '마지막'이어서 앞으로 영영 마음을 열지 못한다면, 하는 생각에 아찔해져 도저히 외면할 수 없었다.

타인의 고통과 아픔을 무심히 보아 넘길 수 없는 마음. 나는 그것이 '연대의 마음'이라고 생각한다. 그것은 시혜나 동정과는 거리가 멀다. '무심히 보아 넘길 수 없는' 까닭은 비록 타인이라 해도 그 고통을 내가 모르지 않기 때문이다. 조심스럽지만 나는 그것을 안다고, 알 수 있다고 말하고 싶다. 알기 때문에 몸이 먼저 움직여 다가가게 된다. 알기 때문에 같이 분노하고 아파할 수 있다. 알기 때문에 '편'이 되어 줄 수 있다. 타인을 완벽하게 이해하는 것은 당연히 불가능하지만 그렇다 해서 모든 것을 알 수 없는 건 아니다. 폭력이 남긴 상흔은 사람의 내면을 비틀고 꼬아서 복잡하게 만들지만, 이따금 그 모든 복잡한 미로를 단숨에 뛰어넘어 서로의 마음이 공명하기도 한다. 나는 그런 연대의 순간에서 폭력의 연쇄를 넘어설 가능성을 찾는다.

물론 연대라는 것은 마음이 조우하는 순간을 넘어선다. 사람들은 구체적인 관계 속에서 일상을 함께 살아가기 때문이다. 마음이 통해 깊은 위로를 주고받았더라도 다음 날이면 서로 엇갈리며 상처를 받게 될지도 모른다. 진심이 아니고 의도한 게 아니더라도 자기 안의 결핍과 상처가 타인을 아프게 만드는 일은 늘 생겨난다. 구체적인 관계를 살아가는 지난한 일상이란, 그런 타인과 자신을 버티면서 천천히 마음을 열어 가는 시간일 것이다. 그 와중에 더 진솔하고 정직한 사람이 되려 애써도 썩 만족스러운 상태에 도달하는 경우는 드물다. 그럼에도 애쓰면서, 다들 그렇게 부족하고 미진한 채로 함께 살아가는 일이야말로 연대의 최종 형태가 아닐까.

이는 폭력으로부터 사람이 회복되어 가는 긴 여정의 단편일 것이다. 과거와 같은 폭력의 순간에 다시 놓이게 된다면 그때는 나를 지킬 수 있을까? 단순히 힘이 세진다고, 혹은 인생 경험이 많아진다고 해서 쉽게 그렇다고 대답할 수는 없다. 하지만 내가 맺고 있는 '관계'가 과거와 같지 않기에, 그것이 나를 지킬 수 있는 힘이 된다. 이제는 고립되거나 홀로 모든 것을 감당해야 하는 처지에 내

몰리지 않을 것임을 안다.

지금의 나에게는 손을 내밀어 의지하고 함께할 수 있는 관계들이 있다. 그런 관계들이 곧 지속적인 연대이고, 긴 회복의 시간을 통과하도록 돕는 힘일 것이다. 폭력은 사람을 계속 고립시키지만, 그 고통스러운 경험으로부터 사람들은 만나고 연대하고 사랑하며 살아갈 수 있다. 그리고 나는, 누군가가 자신에게도 그런 관계들이 있다고 확신할 때 떠올릴 얼굴 중 하나가 되고 싶다.

우리는 이어져 있다

내겐 드물게도 성폭력 피해 경험을 토로했던 이성애자 남성 친구들이 있다. 물리적, 심리적 위협이나 권력관계로 인해 강제로 섹스를 했다며 괴로운 경험이었다고, 그 후로 여성과의 스킨십이 불편해졌다고 했다. 그들은 자신이 겪은 경험을 '강간'이라는 언어로 규정하고 있지 못했다. 하지만 그것은 분명히 강간이었다. 여성들이 앞서 벼려 낸 페미니즘의 언어는 남성들이 겪은 폭력을 비출 거울이자 참조점이 되어 준다. 먼저 정직하게 절망하며 증언을 시작한 여성들의 목소리는 남성들이 자기 자신을 정직하게 대면하기 위한 용기의 증거가 될 수 있다.

여성이 겪는 폭력의 고통을 남성은 알 수 없을까? 나는 그렇지 않다고 믿는다. 폭력은 젠더 권력관계로 인한 경우 외에도 다종다양해서 남성도 피해자일 수 있다. 이러한 피해와 고통은 제로섬 경쟁이 아니다. 나의 고통을 이유로 타인의 고통이 부정되지 않는다. 고통을 견주고 경쟁하는 태도에서 읽을 수 있는 건 자기연민뿐이다. 반면 자신의 고통을 과장하지 않고 정직하게 직면한다면, 타인의 고통 앞에서도 자기연민 대신 연대의 태도를 마련할 수 있다.

그럴 때 서로가 타자인 이들 사이에 거울 관계가 성립된다. 자신이 겪은 폭력의 경험을 통해 타자의 경험과 만나는 교량이 세워지는 것이다. 연대는 단 한 번도 피해를 겪지 않은 것처럼 구는 속죄의 심정이 아니라, 폭력이 편재한 세계에서 경험한 자신의 피해로부터 출발하는 것이다. 고통을 모르지 않기에, 알 수 있기에 외면할 수 없게 된다. 가해에 가담하거나 동조하거나 침묵하는 것 역시, 그러한 폭력이 만들어 낼 고통을 상상하고 공감하는 능력을 통해 단호히 거절할 수 있다.

오늘날 '젠더갈등' 프레임은 많은 비판*에도 불구하고 여전히 건재하며, 건재함을 넘어 갈수록 정치적으로 강한 영향력을 발휘하고 있다. 이 프레임이야말로 피해와 고통을 제로섬 경쟁으로 이해하게 만든다는 점에서 문제적이다. 교차적 연대로 나아가야 할 지점에서 대립과 적대를 종용하고 있는 것이다.

사람들을 가르고 찢어 반목과 적대를 증폭시키는 이런 시대일수록 나는 연대를 더욱 고집스럽게 주장하고자 한다. 자신의 고통, 잊고 싶고 지워 버리고 싶은 폭력의 경험들을 정직하게 들여다본다면 분명 타자와 만나고 연

---

* 많은 페미니스트들은 젠더갈등 프레임이 여성들의 투쟁과 그에 대한 백래시를 여성과 남성이라는 동등한 집단 간의 갈등처럼 다룸으로써 젠더 권력관계를 은폐한다고 지적한다. 가령 김수아는 남성과 여성 모두 문제가 있다는 식의 미디어 프레임이 형성됨으로써 여성혐오나 구조적 성차별에 대한 비판이 사라져 버린다고 지적한다. 이는 여성들의 목소리가 공적 담론의 장에서 들리지 않도록 만든다. 정희진은 양성평등 개념을 비판하면서, 이것이 주체/타자의 권력관계를 은폐하며 여성과 남성 범주 내의 다양한 차이와 해당 범주에서 벗어난 존재를 비가시화한다고 지적한다. 김수아, "젠더정치의 미디어 프레임, '그 페미니즘'", 「황해문화」 101호, 새얼문화재단, 2018; 정희진, "양성평등에 반대한다", 『양성평등에 반대한다』, 정희진 엮음, 교양인, 2017.

대할 수 있다. 동시에 그럴 때에야 자신 또한 폭력에 연루되어 있음을 성찰하기 시작한다. 타인에게, 그리고 이 세계에 의도치 않게 끼치게 될 해악을 예민하게 성찰할 때, 폭력을 넘어설 가능성을 확보할 수 있을 것이다.

인류의 역사는 폭력의 역사다. 폭력이 국가와 사회를 만들고, 국가와 사회 속에서 폭력이 계속된다. 그 누가 폭력으로부터 자유롭다고 말할 수 있을까. 하지만 폭력의 역사만큼, 폭력의 세계를 가로질러 저 너머로 나아가려는 노력도 동일한 역사의 길이를 지닌다. 폭력의 연쇄를 멈추고자 분투해 온 연대의 역사 말이다. 나는 그 편에 서서 살아가고자 한다. 이것이 페미니즘의 문장들, 폭력에 대항하며 온전한 자기 자신으로 살아가고자 분투한 페미니스트들이 내게 알려 준 교훈이다.

세상 어딘가에,
내 자리가 있었다

신필규

남성도 페미니스트가 될 수 있을까?

몇 년 전 『한국 남성을 분석한다』(권김현영 외, 교양인, 2017)의 발간과 함께 열린 북토크에 참석한 적이 있다. 저자들의 발제가 끝나고 질의응답이 진행되었는데 그 자리에서 "남성도 페미니스트가 될 수 있는가?"와 같은 질문이 다수 등장했다. 남자들이 아무리 자신을 페미니스트라고 소개해도 정말 그런지 어떻게 알 수 있느냐는, 소위 '남성 페미니스트'에 대한 불안이 담긴 질문도 있었지만, 남성 당사자가 비슷한 질문을 하는 경우도 있었다. 그러니까 "나는 남성인데 내가 페미니스트가 되는 것이 가능한가?", "억압자의 위치에서 나고 자란 내가 어떻게 페미니스트가 될 수 있는가?"와 같은 질문들.

사실 생각해 보면 이상한 질문이다. 가령 나는 대학 시절 사회주의 모임에서, 중산층 이상의 가정에서 자본의 수혜를 톡톡히 누리며 살아온 친구들도 만나 보았지만 그중 누구도 "내가 사회주의자가 될 수 있을까?"를 질문한 적이 없었다. 나고 자란 계급적 배경은 그들이 자신의 신념을 결정하는 데 별다른 영향을 미치지 못했다. 다른 사회운동에서도 비슷하다. 계급·출신지·가족 형태·직업 등을 이유로 특정 이념을 주장하고 실천하기를 주저하는 경우는 찾기 어렵다. 그런데 왜 페미니즘으로만 넘어오면 자신도 페미니스트가 될 수 있느냐는 남자들을 만나게 될까? 도대체 '성별'이 무엇이기에.

이런 현상이 늘 있었던 것은 아니다. 나의 경우, 페미니즘 열풍이 다시 점화되기 전에 여성단체인 한국여성민우회에 가입하며 본격적으로 페미니즘 공동체와 함께했다. 당시 함께 활동하던 남성 회원이 꽤 있었지만 나를 포함하여 누구도 "내가 페미니스트가 될 수 있을까?"를 질문했던 기억이 없다. 페미니스트가 되어야 한다는 압박을 느끼는 사람조차 없었다. 그저 단체 분위기가 잘 맞거나 혹은 의제에 공감해서 함께하는 이들이 대부분이었다. 자신이 페미니스트가 될 자격이 있는지 질문하는 남자들은 '#나는페미니스트입니다' 운동*과 함께 시작된 페미니즘 리부트 이후에 등장했다.

그 사이에 무슨 일이 있었고 환경이 어떻게 달라졌기에 이런 간극이 발생했을까? 궁금하지만 여기에 온전히 답하는 것은 내 능력 밖의 일이다. 이 질문에 대한 답변의 절반은, 누구보다 페미니스트로서 자신의 자격을 의심해본 남성들이 직접 자기 삶을 이야기할 때 만들어질 수 있을 것이다. 그렇다면 나는 다른 절반을 살펴보고자 한다. 내가 어떤 삶을 살았고, 어떻게 페미니즘을 만났으며, 왜 스스로를 '페미니스트'라고 소개하는 데 그다지 거리낌이 없는지 이야기함으로써 말이다. 그리고 남성 동성애자인 내가 페미니즘 담론 속에서 당사자로서의 자리를 어떻게 찾아갔는지도.

멸시의 그 단어, '젠더'

내가 처음 페미니즘을 만난 건 중학생 시절이었다. 당시는 스마트폰처럼 어디서나 인터넷에 접속할 수 있는

---

* '#나는페미니스트입니다' 운동은 칼럼니스트 김태훈이 2015년 패션지 그라치아에 "IS보다 무뇌아적 페미니즘이 더 위험해요"라는 제목의 글을 실은 것을 계기로 일어났다. 당시 터키에서 실종된 10대 후반의 한국 남성이 이슬람 무장단체 ISIS에 자발적으로 가입했을지 모른다는 뉴스가 화제가 되었는데, 그가 SNS를 통해 "페미니스트를 싫어한다"는 글을 남긴 적이 있었던 것. 김태훈은 평등에는 관심이 없고 남성을 끌어내리기에 급급한 현대의 페미니즘이 이런 사태를 낳았다는 황당무계한 주장을 펼쳤는데, 페미니즘의 발전 과정과 역사조차 엉뚱하게 기술하는 조잡함까지 보였다.

휴대용 전자 기기도 없었고, 인터넷 사용 환경도 상당히 열악했다. 대부분의 가정이 그랬듯, 부모님에게 컴퓨터란 '중독을 초래할 수 있는 위험한 장난감'처럼 여겨졌기에 마음 놓고 온라인 세계를 탐색하기도 어려웠다. 주변 또래들과 마찬가지로 학교, 학원, 집을 제외하곤 어느 곳도 마음대로 다니기 어려운 시기를 보냈다. 나의 세상은 정말 좁았다. 페미니즘뿐만 아니라 딱히 다른 무언가를 만나기도 쉽지 않았다.

페미니즘을 접한 건 정말 우연이었다. 당시 마땅한 재밋거리가 없던 나는 조그마한 학교 도서관을 자주 들락날락했다. 흥미로운 읽을거리도 많고 짓궂은 아이들의 괴롭힘도 피할 수 있었으니 일석이조인 취미 생활이었다. 어느 날, 서가에서 내 시선을 잡아끈 책이 한 권 있었다. 줄리아 우드의 『젠더에 갇힌 삶』(커뮤니케이션북스, 2006)이었다.

생전 처음 보는 작가인데다 제목까지 낯선 그 책에 관심을 가지게 된 이유는 이렇다. 내가 초등학교를 다니던 2001년, 한 화장품 회사의 광고를 통해 연예인 하리수가 대중매체에 등장했다. 당시 하리수의 데뷔가 사회에 미친 영향력은 어마어마했다. 긍정적이건 부정적이건 혹은 단순한 호기심 때문이건 많은 사람들이 하리수에게 관심을 보였다. 이렇게 만들어진 인지도를 기반으로, 그녀는 노래와 연기로 자신의 활동 영역을 빠르게 확장시켰다. 매체에 등장하는 빈도 또한 더욱 높아졌다. 하리수에 대한 생각과 감정이 어떻든 그녀를 모르는 사람이 드물었다. 그 시절 하리수는 엄청난 유명 인사였다.

하지만 트랜스젠더 연예인을 TV로 보는 것과 트랜스젠더에 대해 제대로 아는 것은 별개의 일이었다. 데뷔 이후 하리수는 자신이 어떤 사람인지 수없이 설명했지만 사람들은 그리 귀담아듣지 않는 모양새였다. 적어도 내가 학교에서 느꼈던 분위기는 그랬다. 아이들은 하리수를 '원래 남자인데 여자가 되고 싶어서 그렇게 한 사람'이나 '남자인데 여자보다 더 여자 같은 사람' 정도로 생각했다. 그러다 보니 규범적인 성역할이나 젠더 수행을 하지 않는 아이들, 특히 남자인데 '여자처럼' 운동도 싫어하고, 활동적이지도 않고, 말도 사근사근하게 하고, 성격도 거칠지 않은 아이들이 죄다 '하리수'나 '트랜스젠더' 혹은 그것도 귀찮아서 '젠더'라고 불리며 놀림받는 상황이 발생했다. 불행히도 그게 나였다.

기분 좋은 일은 아니었다. 그건 분명 멸시였으니까.

하지만 그와 별개로 트랜스젠더 여성 하리수에 대한 감정은 그리 나쁘지 않았다. 아니, 나는 그녀에게 묘한 동질감을 느끼기도 했다. 모든 사람들이 하리수에게 우호적이진 않았다. 그녀를 '가짜' 취급하며 입에 담을 수 없는 말로 비하하는 사람도 많았다. 나는 하리수라는 존재가 사람들이 금기시하는 영역을 건드렸기 때문에 그런 반응이 돌아왔다고 막연히 생각했다. 구체적인 말로 정리할 수 없었을 뿐, 이 모든 게 성별과 관련이 있음을 그때도 알고 있었다. 나 또한 사회가 은근히 강요하는 성별 규범을 따르지 않았기에 따돌림의 표적이 되었다. 말하자면 하리수나 나나 비슷한 처지였던 셈이다.

이런 시간들을 거쳤으니 '젠더'라는 단어가 제목에 담긴 책은 내게 예사롭지 않은 물건이었던 것이다. 그것이 처음으로 읽은 페미니즘 도서였다.

우연과도 같은 만남, 페미니즘

중학생이던 내가 그 책을 제대로 이해했는지는 잘 기억나지 않는다. 다만 '젠더'가 단순히 멸칭이 아니라 사회를 깊이 있게 이해하는 인식의 도구라는 게 신선한 충격으로 다가왔던 건 분명하다. 그 개념을 통해 본다면, 이 사회의 성역할·성별 규범과 괴리가 있는 내 생활도 비정상적인 게 아니었다. 애초에 여성성·남성성 따위는 자연스러운 것이 아니기 때문이다.

가령 아빠가 배 타는 일을 하느라 대부분의 시간에 부재했던 우리 집에서 실질적인 가장 역할은 엄마가 수행했다(엄마 성격상 아빠가 집에 있었다고 해도 그 역할은 엄마가 맡았을 것이다). 엄마는 사회가 요구했던 '가정주부' 역할도 맡았지만, 집안에서 중요한 결정을 내리거나 혼란을 수습하거나 다른 집에서는 아빠의 일로 여겨지는 거친 일도 모두 해냈다. 그래서인지 어린 시절부터 나는 여성 지도자나 소위 '강단 있는' 여성의 존재가 그렇게 이상하지 않았다. 젠더를 통해 설명한다면, 이런 집안 환경은 그저 다른 것이지 이상한 게 아니었다. 또래 동성 집단과는 취향도, 말하는 방식도, 노는 것도 달랐던 나의 존재 또한 마찬가지였다.

오아시스를 만난 느낌이었다. 그 책이 전해 준 지식은 내가 멸시와 따돌림, 폭력 속에서 그 꼬리표들을 내면화하지 않고 스스로를 지키며 미워하지 않을 수 있게 한 자원이었다. 더 단단해지고 싶었고, 그러기에 더 많은 것을 읽고 알고 싶어졌다. 다행히도 비슷한 책들을 찾는 게 어렵지 않았다. 첫 만남은 우연이었지만 이후의 흐름은 자연스러웠다. 젠더, 성과 사회, 성별 규범, 성역할 등을 주제로 한 책들은 대부분 페미니스트가 썼거나 여성운동의 맥락 속에서 서술되어 있었다. 나는 페미니스트의 책을 읽고, 여성운동의 역사를 공부하고, 관련된 영화나 다큐멘터리를 찾아보았다.

이 일련의 흐름에서 중요하게 다뤄야 할 사실이 있다. 나의 성적 지향이다. 나는 남성 동성애자이고 이 사실을 청소년기에 깨달았다. 깨달았다기보다는 정확하게 인지하게 되었다는 게 맞겠다. 동성 친구를 향한 떨리는 감정은 이전부터 늘 느껴 왔다. 단지 그것이 사랑 혹은 성애인지 몰랐을 뿐이다.

그 시절 성소수자란 시스젠더 이성애자와 그들이 중심이 된 문화 속에서 가끔 예외처럼 튀어나오는 존재였다. 대중매체에서 우리는 가십거리였다. 지금처럼 성소수자를 진지하게 대하고 정확한 정보를 전달하는 언론은 찾아볼 수 없었다. 학교에서 받은 성교육은 이 세상 모든 사람이 시스젠더 이성애자임을 전제하고 있었다. 내 성적 지향을 이해할 수 있는 정보를 어디에서도 구할 수 없었던 셈이다. 그러다 보니 내가 성소수자일 것이라고는 상상조차 못 했다. 동성애자임을 알게 된 건 게이인 다른 친구가 내게 커밍아웃을 한 이후였다. 그 친구가 스스로를 설명하는 말을 듣고 나니, 어렴풋이 의심만 하던 감정이 무엇인지 확실히 알게 되었다.

하지만 모든 자각이 환희가 되는 건 아니다. 그저 '남자답지 못하다'는 이유로 오랜 시간 따돌림과 폭력을 겪고 난 이후, 공동체에서 '다르다'는 건 때로 '위험하다'는 의미이기도 하다는 것을 알게 되었다. 이미 차별과 혐오 속에서 부대끼며 살다 보니 동성애자라는 게 그 '위험한 다름'임을 본능적으로 직감했다. 이성애로 가득한 세상에서 동성애는 '호모'와 같이 농담을 가장한 멸칭으로만 언급되었다. 유일하게 성적 지향을 공유했던 친구를 제외하고는 그것에 대해 이야기할 사람은 한 명도 없었다. 때로는 떨리고, 황홀했고, 결국은 좌절되어 상처가 된 여러 감정을, 아예 존재하지 않았던 것처럼 숨겼다. 그 시간들은 고독하고 우울하기 짝이 없었다. 이 세상에는 내가 나로서 존재할 자리가 없는 것처럼 느껴졌다.

이러한 괴로움 역시 페미니즘을 만난 이후 많이 해소

되었다. 페미니즘은 젠더와 마찬가지로 '섹슈얼리티'를 주요한 분석틀로 삼았다. 섹슈얼리티의 의미는 늘 논쟁적이고 맥락에 따라 다르다. 다만 한계를 무릅쓰고 거칠게 요약하자면, 정체성부터 욕망, 수행 등에 이르기까지 성性과 관련된 모든 담론과 행위, 요소를 총체적으로 지칭하는 말이라 볼 수 있다. 섹슈얼리티를 다루는 페미니스트들은 어떤 욕망과 행위가 왜 정상적이거나 비정상적인 것으로 분류되는지 추적했다. 혹은 건조한 태도로, 젠더 정체성과 성적 욕망, 수행 등을 분류하는 작업을 했다.

이런 백과사전식 서술은 아주 교과서적이어서 누군가는 거기서 어떤 감정도 느낄 수 없을지 모른다. 하지만 나는 달랐다. "성적 지향에는 이성애·동성애·양성애 등 다양한 종류가 있다"라는 단순한 문장에서조차도 세상 어딘가에 내 자리는 분명히 있다는 안도감을 느꼈다. 멸시와 경멸을 담지 않고서도 나의 존재를 호명하는 사람이 있다는 걸 직접 확인하는 일은 내게 큰 힘과 희망을 주었다. 나는 '없는 사람', '놀림감', '추문'이 아닌 그냥 '동성애자'였다.

특히 북미를 중심으로 한 페미니즘 운동사에서 '레즈비언 페미니스트'는 무시할 수 없는 존재들이었다. 북미

여성운동의 이성애 중심적 경향을 비판하고, 침묵에 저항하며 자신이 레즈비언임을 숨기지 않았던 이들의 역사는 신선한 충격인 동시에 한 줄기 빛과도 같았다. 심지어 그들은 운동의 역사에서 한 번 반짝하고 사라지는 게 아니라 독자적인 이론과 자기만의 공동체를 세워 보기도 했다. 물론 그들은 몰랐을 것이다. 자신들의 삶이 머나먼 외국의 게이 청소년에게 힘과 용기가 될 줄은 말이다. 레즈비언 페미니스트뿐이겠는가. 성별이분법을 바탕으로 발명된 '차이'를 '차별'로 만든 세상에 대항해 분투하고 사유했던 모든 페미니스트들이 내게 귀감이 되었다.

    페미니즘은 내가 아무런 오명을 쓰지 않고 존재할 수 있는 최초의 자리를 만들어 준 이론이었다. 나의 다름이 틀림이 아니며 손가락질 받을 필요가 없다고 알려 준 사상이었다. 동성애자로서 나의 삶에 움츠러드는 것 외에도 다른 선택지가 있음을 알려 준 역사이기도 했다. 차별은 결코 당연하지 않다. 당신은 존중을 요구할 수 있다. 페미니스트들은 암울한 시절을 버틸 수 있는, 그런 용기와 힘을 주었다.[*]

---

[*] 당시 내게 용기를 준 페미니스트가 외국인 저자들만은 아니었다. 10대부터 20대 초반까지, 나는 권김현영, 권인숙, 변혜정, 임옥희,

'여성'단체의 '남성' 회원으로

해방의 시기가 도래했다. 부모님의 염려에도 불구하고 나는 부산을 떠나 서울에서 대학 다니기를 선택했다. 익숙하고 답답한 세계를 벗어나 낯선 곳에서 새로운 삶을 경험하고 싶었기 때문이다. 서울에 대한 환상도 한몫을 했다. 완벽히 익명으로 존재할 수 있는 그 도시에서 무한한 자유를 누릴 수 있으리라 꿈꿨다(그 환상이 실현되려면 경제적·계급적 바탕이 있어야 한다는 사실을 깨닫는 데 그리 오랜 시간이 걸리지 않았다).

새로운 터전에서, 다른 누구보다도 두 부류의 사람들을 만나고 싶었다. 첫째, 나와 같은 성소수자. 둘째, 당연히 페미니스트. 결론부터 말하자면 둘 다 어려웠다. 당시의 나는 게이들의 터전과도 같은 이태원이나 종로3가의 존재를 몰랐다. 스마트폰이 이제 막 보급되던 시기라 지금처럼 데이팅앱이 유행하지도 않았다. 페미니즘 리부트

정희진, 한채윤 등 다양한 국내 저자의 글을 만났다. 이들의 생생한 페미니즘 이야기는 10대 시절 삶을 이어 갈 힘을 주었고, 이후 당시의 경험을 벗어나 상처를 치유하고 새로운 삶을 향한 의지를 단단히 다지는 데 도움을 주었다. 이 글을 빌려 감사를 전한다.

라 불리는, 페미니즘이 다시 대중화되는 시기는 아직 오지 않았다. 페미니스트는커녕 페미니즘이 뭔지 아는 사람도 드물었다. 그나마 다행인 것은 학교 교양 과목으로 '여성학 개론'과 같은 수업이 개설되어 있었다는 점이었다. 1학년 1학기 수강신청 때 제일 먼저 이 강의를 골랐다. 그 수업의 강사인 권김현영 여성주의 연구활동가가 내가 만난 '첫' 페미니스트였다.*

이 인연은 훗날 삶이 180도로 전환되는 계기가 되었다. 2012년, 군대를 전역하고 복학한 나에게 학교는 이전과 같은 공간이 아니었다. 함께 학교를 다니며 어울렸던 친구들은 외국으로 떠났거나, 휴학 후 취업 준비를 하고 있거나, 아니면 아예 학업을 끝마친 상태였다. 익숙했던 인간관계들이 대부분 와해된 셈이었다. 2년간 군대에 사실상 격리되어 있다 나와 활발한 사회생활에 목마른 나에게는 답답한 상황. 결국 자의 반 타의 반으로 학교 밖 공

---

* 흥미롭게도 페미니스트에게 호의적인 나조차 그들에 대한 편견이 있었다. 페미니스트는 머리가 짧고, 어두운 옷을 입으며, 성격이 불같다는 것이었다. 당시 권김현영은 머리가 짧고 검은색 옷을 즐겨 입긴 했지만 차분하고 여유로운 태도로 학생을 대해 다소 혼란(?)에 빠진 기억이 있다.

동체의 문을 두드릴 수밖에 없었다. 하지만 낯가림도 걱정도 무서움도 많은 성격이라 무턱대고 단체의 문을 두드리는 일은 불가능했다. 적당한 계기와 보증이 필요했다. 당시에도 연락 중이던 권김현영에게 적당한 단체를 추천해 달라고 요청했고, 한국여성민우회가 나와 잘 맞을 것이라는 답을 얻었다. 그해 민우회에서 열린 여성주의 강좌에 참여한 나는 페미니즘에 대한 열의와 환대로 가득한 그곳의 분위기가 마음에 들어 바로 회원가입 신청서를 작성했다.

이후로 지금까지도 민우회에서 회원으로 활동하는 중이다. 회원 활동을 시작한 초창기부터 단체 밖의 사람들은 나의 활동을 무척 신기하게 여겼다. 여성단체의 남자 회원이라니, 함께하는 데 어려움은 없냐는 질문도 하곤 했다. 하지만 낯선 공간에 적응하는 시기가 있었을지는 몰라도 어색함이나 어려움, 특히 '성별'로 인한 문제는 전혀 없었다. 활동가와 회원들이 남성인 나의 존재를 그리 특별하게 여기지도 않았다.

사실 민우회의 문화 자체가 그랬다. 페미니즘이 녹아든 공동체의 원칙만 잘 지킨다면 그 사람이 누구든 아무도 문제 삼거나 질문하지 않았다. 그 원칙조차도 그리 어려운 게 아니었다. 자기가 사용한 컵은 스스로 씻기, 나이·출신지·학력·결혼 여부를 묻지 않기, 평등한 관계 맺기 등 특별한 주의나 노력 없이도 실천이 가능한 것이었다. 이런 원칙들은 단조롭고 차별적인 관계 형식과 대화 패턴을 벗어나 더욱 풍부하고 깊이 있는 인간관계를 맺을 수 있도록 만들어 주었다.

스스로를 페미니스트라고 소개하다

민우회에 가입하게 된 거창한 사연이나 계기가 있을 거란 사람들의 기대와는 달리, 내가 바란 건 그저 페미니스트들이 모여 있는 공동체였다. 비장한 각오 같은 건 없었다. 민우회에 가면 여성학 도서를 읽고 이야기 나눌 수 있었고, 때로는 강의를 들으며 새로운 지식도 얻을 수 있었다. 집회나 시위, 각종 캠페인에 참여하는 일은 나의 신념을 추구하고 사회 변화를 위한 목소리를 내는 일이었고, 또 한편으로는 자아실현이기도 했다. 특히 민우회의 여러 활동에 기획단으로 참여하는 건 나도 몰랐던 재능을 찾아가는 과정이었다. 이런저런 아이디어를 내고 각자의 역할을 찾아서 함께 실현시켜 나가는 과정은 귀중한 협동의 경험이었다. 사람들의 생각과 달리 나는 민우회에 순조롭게 적응했고, 활동 초기부터 신나고 들떴으며 에너지가 넘쳤다.*

그 시간을 지나는 동안 '나는 페미니스트일까? 페미니스트가 될 수 있을까?'를 고민했던 적은 별로 없었다. 주위에 그것을 묻는 사람도 없었고, 그것 말고도 생각할 거리가 많았다. 스스로를 페미니스트라고 소개하기 시작한 건 '#나는페미니스트입니다' 운동 열풍이 불었던 이후였다. '이만하면 나도 이제 페미니스트야'라는 생각으로 그랬던 건 아니다. 단지 '페미니스트'라는 단어에 낙인을 찍고 주홍글씨처럼 사용하려는 시도에 맞서서 "나 역시 바로 그 페미니스트다"라고 이야기하는 게 의미가 있다고 생각했다.

---

* 어떤 면에서 나는 페미니스트인 남성이 늘어나는 것보다, 성평등이 보장되는 공간에서 자신과 다른 성별이나 성적 지향을 가진 사람들과 관계 맺고 협동해 본 경험을 가진 남성이 많아지는 게 더 필요하지 않나 생각한다. 구성원의 성별이나 성적 지향을 신경 쓰지 않는 공동체에 소속되어 다양한 사회적 소수자들과 평등한 동료 관계를 맺어 본 남성이 별로 없다. 이러한 과정이 없으면 여성을 '동료시민'으로 존중하는 일은 거의 불가능에 가깝다.

지금은 나 혹은 동료들을 소개할 적당한 단어라는 생각에 '페미니스트'를 쓴다. 그 이상의 큰 의미는 없다. '페미니스트'라는 단어가 우리가 해 온 일과 앞으로 할 일, 지향하는 바를 다른 이들에게 가장 적절하게 설명해 준다는 생각 정도다. 요즘에는 "저는 페미니스트입니다"라고 먼저 말할 일도 별로 없다. 그저 누가 나에게 "페미니스트인가요?"라고 물으면 "네"라고 답할 뿐이다.*

'동성애자 남성'인 나와 '여성'인 활동가·회원과의 차이에 대한 인식이 없었던 것은 아니었다. 그들과 나의 사회적 위치나 일상에서의 경험, 인생사는 많이 달랐다. 하지만 그것이 나의 페미니스트 정체성—그런 게 선명하지도 않았지만—에 위기나 두려움을 초래하지는 않았다. 때로 그것은 우리가 나누는 이야기를 더욱 풍부하게 만드는 자원이 되기도 했고, 나의 입장에서 페미니즘 담론을 재해석하게 만드는 원동력이 되기도 했다. 차이는 불가능과

---

*   다소 안 좋은 버릇이지만 상대방이 어떤 사람인지 파악하기 위해 리트머스 종이와 같은 용도로 스스로를 페미니스트라고 소개할 때도 있다. 상대방의 반응을 살피고 이 사람과 나 사이에 '건널 수 없는' 간극이 있는지 파악하는 것이다. 의도치 않아도 내가 페미니스트임을 알면 알아서 거리를 두는 사람도 있다.

한계의 표지가 아니었다. 오히려 '페미니즘이 당신에게는 이런 의미고 나에게는 이런 의미가 될 수 있다면 그 이야기들을 모아 보자'는 태도를 이끌어 냈다.

남성 동성애자로서 자리 찾기

위와 같은 생각을 본격적으로 하게 된 건 낙태죄 폐지운동에 힘을 보태게 되면서부터였다. 나는 이전부터 낙태죄는 문제가 많은 법조항이며 반드시 사라져야 한다고 생각했고, 본격적으로 집회와 시위에 참여한 이후로도 변함이 없었다. 낙태죄 폐지운동의 강렬한 구호 중 하나는 "My Body, My Choice"인데, "내 몸은 나의 것"과 같은 유사한 구호도 시위 현장에서 만날 수 있다. 이렇게 널리 알려진 구호에는 상징성이 있기에 꼭 당사자가 아니더라도 목소리에 힘을 실어 주는 차원에서 함께 소리칠 수 있다고 생각한다.

다만 사람들과 함께 구호를 외칠 때, 나는 종종 이질적인 감정을 느끼곤 했다. 그 이질감에 조금 더 집중해 보았다. '그래, 우리는 다르니까'라고 간극만 확인하고 넘어갈 게 아니라고 생각했다. 나는 동성애자이며 남성이지 않은가. 재생산과 가장 무관하다고 여겨지는 존재. 물론 남성의 몸도 사회의 통제와 관리 영역에 속한다. 하지만 그 방식이 여성에 대한 것과 같지 않다. 현대 사회에서 남성의 몸은 자본과 주류 미디어를 통해 이상적인 형태가 찬양되는 방식으로 간접적인 압력을 받을 뿐, 여성의 경우처럼 아주 폭력적인 방식으로 규제되거나 대놓고 수단으로 취급받지는 않는다.*

여기에 동성애자라는 요소가 더해지면 거리는 더욱 먼 것처럼 보인다. 당연한 말이지만 임신은 홀로 하는 게 아니다. 내가 이성애자였다면 파트너의 임신과 출산은 곧 나의 일이 된다. 이 사회가 여성과 재생산을 취급하는 방식에 나 또한 연결될 것이다. 하지만 파트너가 남성인 경

---

* 가령 2016년 행정자치부가 발표하여 논란이 된 '가임기 여성 인구 수 지도'를 떠올려 보자. 여기에는 지역별로 20세부터 44세까지 소위 '가임기 여성'의 수가 표시되어 있었다. 임신과 출산은 다양한 요인과 환경의 영향 아래 개인이 결정하는 일이다. 백번 양보해서, 출생률이 걱정이라면 이런 요소들을 반영한 지도를 만들면 된다. 하지만 행정자치부는 '임신할 수 있는 몸'을 표시한 지도를 게시했다. 여성을 당연히 아이를 낳는 존재, 출생률을 높일 수단으로 생각하지 않았다면 일어날 수 없는 일이다.

우라면 언뜻 보기에 아무런 연결점을 찾지 못할 것이다. 그러니 누군가에게 나의 존재는 낙태죄 이슈와는 이중으로 무관해 보이는 것이다.*

하지만 앞서 언급했듯 '차이'는 우리가 함께할 수 없는 간극이 아니라, 서로의 위치에서 각자의 페미니즘을 말하며 논의를 풍부하게 만들 수 있는 다양성의 원천이자 사유의 자원이다.** 내게 여성주의를 가르쳐 준 많은 선생님과 동료들은, 기성의 지식을 알아 가는 것도 좋지만 기존 주장을 반복하는 것에서 멈추지 말고 나의 위치에서 목소리를 내 보라고 조언하기도 했다. 그게 페미니즘의 힘이라고 했다. 실제로도 그들은 계급·지역·성적 지향·성

---

* 다만 서구권을 중심으로 이른바 '대리모 산업'이 발생하고 남성 동성애자 부부 또한 고객으로 등장하면서 단순히 '게이가 임신이나 출산과 무슨 상관인가?'라고 말할 수는 없게 되었다.

** 모든 지식은 젠더 규범을 포함하여 특정한 관점을 기반으로 형성된다. 그렇기 때문에 지식을 만드는 사람의 위치는 매우 중요하다. 관점과 위치가 달라지면 지식의 내용과 성격도 다르게 형성되거나 파악될 수밖에 없다. 페미니즘은, 지금까지 지식 생산에서 배제되어 언제나 대상에 머무를 수밖에 없었던 '여성'에서부터 시작해 다양한 소수자들의 관점을 차용하며 더욱 풍부한 논의를 만들어 왔다. 자세한 것은 '페미니즘 인식론'에 대한 글들을 참고할 수 있다.

별 정체성 등을 가로지르며 자신의 경험을 토대로 낯설지만 다른 이야기를 하는 데 주저함이 없었다. 그것이 우리가 가진 통념에서 아주 벗어날 때도 말이다. 책 읽기 모임이나 세미나에서, 때로는 일상에서, 스치듯 나온 개인적이고 정치적인 그 이야기들은 우리의 상상력을 번뜩이게 만들었다.

다시금 근본적인 질문으로 돌아가 보자. 한국 사회는 왜 임신중지를 처벌했을까? 시민단체와 국제사회의 비판에도 왜 그토록 오랫동안 낙태죄 규정을 없애지 않았을까? 모든 형벌은 몸을 구속하거나 벌금을 부과하는 등 개인의 기본권을 침해하는 방식으로 집행된다. 그렇기 때문에 사회는 아무 행위나 형벌로 규제하지 않는다. 가령 폭력과 같은 방식으로 개인의 존엄을 침해해 헌법적 가치를 위배했을 때, 즉 이 사회에서 근본적으로 지켜야 하는 규칙을 어겼을 때 형벌이 가해진다. 한국 사회에서는 여성의 임신중지도 그런 일에 속했다는 것이다. '임신중지를 처벌한다'는 말을 뒤집어 보자. '임신을 하면 반드시 낳아야 한다'는 뜻이 된다. 여성은 반드시 출산해야만 하는 존재로 여겨진 것이다. 낙태죄는 여성이 이러한 성역할에서 벗어나고자 한다면 처벌하겠다는 메시지를 전해 왔던 셈이다.

여기서 생각해 봐야 할 또 다른 전제가 있다. 바로 젠더에 관한 것이다. 젠더는 성별 체계이기에 마치 톱니바퀴가 돌아가듯 여러 요소가 맞물려야만 작동할 수 있다. 여성에게 '어머니'라는 성역할을 부여하기 위해선 (무게와 성격이 다르지만) 남성의 '아버지'라는 성역할이 필요하다. 여성에게 아이를 낳고 기르라는 성역할을 강요하기 위해선 사람들이 이성애에 기반해 결합해야만 한다. 그렇게 만들어진 가족 안에서, 누군가는 '딸'로서 누군가는 '아들'로서 따라야 할 역할을 주입받으며 이 체제를 유지할 수 있는 인간으로 성장한다.

독자적으로 존재하고 작동할 수 있는 금기와 규범은 없다. 한 집단에 대한 억압은 어떤 식으로든 그 집단의 주변인에게 영향을 미치고 역할을 부여한다. 사회는 이 역할을 잘 따르는 이에게 정상성을 부여한다. 나머지는 비정상으로 몰거나 아예 없는 취급을 한다. 규범적인 성역할과 이성애 중심주의, 정상가족 범주에서 벗어난 모든 사람들은 자유롭게 존재하거나 평등하게 존중받을 수 없다. 동성애자의 성적 욕망과 실천은 일탈로 치부된다. 성별이분법을 가로지르는 트랜스젠더는 존재를 부정당한다. 이들은 젠더 규범의 근간을 뒤흔들기 때문이다.

낙태죄를 만들어 낸 시스템이자 동시에 낙태죄로 인해 유지가 가능한 사회체제 속에서 성소수자가 설 자리는 없다. 동성을 사랑하는 사람, 사랑에 상대방의 성별이 중요하지 않은 사람, 지정된 성별을 거부하고 횡단하고자 하는 사람 모두가 차별과 배제를 겪을 수밖에 없다. 나아가 나는 이것이 성소수자에게만 해당된다고 생각하지 않는다. 이성애자로서 결혼을 했지만 강요된 성역할을 거부하고 스스로에게 맞는 삶을 살아가고 싶은 사람도 있다. 정상가족의 기준에 맞추어 살아가는 것에 불편함을 느끼는 사람도 있다. 굳이 부부라는 형식에 매이지 않고 다양한 방식으로 가족을 만들고 싶은 사람이 분명히 있다.

그리하여 나는 2020년에 열린 《낙태죄 전면 폐지를 위한 필리버스터》(한국여성민우회 주최)와 《낙태죄 전면 폐지를 위한 국회 밖 공청회: 4시간 이어말하기 기자회견》(모두를위한낙태죄폐지공동행동 주최)에서 발언하며 스스로 남성이자 동성애자임을 밝혔다. 우리 모두가 당사자로 연결되어 있기에 낙태죄 폐지에 힘을 모아야 한다고 생각했다. 또한 이 사안과 관련하여 더욱 풍부한 논의를 만들고 싶었다.

낙태죄 폐지운동 외에도, 내가 남성 동성애자의 위치에서 페미니즘을 적극적으로 해석할 계기를 제공한 일은 또 있다. 바로 군형법 제92조의6 폐지운동이다. 군형법 제92조의6은 항문성교 및 기타 추행을 한 사람을 2년 이하의 징역으로 처벌하는 법조항이다. 법 개정 전까지 "항문성교"가 아닌 "계간鷄姦"*으로 쓰인 점에서 드러나듯, 이 조항은 남성 군인의 동성 간 성행위를 처벌하는 것을 목적으로 두고 있었다. 이 법을 근거로 군대 내 많은 동성애자들이 부당한 처벌을 받아 왔다. 특히 2017년에는 육군에 의한 대규모 동성애자 군인 색출 행위가 있었고, 많은 이들이 군형법 제92조의6을 근거로 군사법원에 섰다.

이 법조항이 동성애자 혐오 정서에 기반하고 있으며 부당한 차별임은 두말할 필요 없이 분명하다. 오랜 시간 이 조항의 폐지를 주장하는 운동이 있어 왔다. 아마 많은 이들이 성소수자 인권단체들이 모인 집회와 기자회견 현장을 상상할지 모르겠다. 하지만 군형법 제92조의6 폐지운동에는 여성단체들도 함께해 왔고, 이와 관련하여 몇

---

* 남성 간 성행위가 닭의 교미와 유사하다는 의미로 비하의 뜻을 담고 있다.

몇 단체는 따로 행사를 열거나 캠페인을 벌이기도 했다. 언뜻 이해하기 어려울지도 모르겠다. 왜 여성단체가 남성 동성애자 군인과 관련된 운동을 할까? 여성단체들은 성명을 통해, 군형법 제92조의6이 성폭력에 대한 부당한 통념을 강화하고 여성 군인과 남성 군인에 대한 이분화를 가속해 결과적으로 소수의 여성 군인에 대한 차별이 지속된다고 지적한 바 있다.*

이러한 비판을 수긍하는 동시에, 개인적으로 군형법 제92조의6이 폐지되어야 하는 이유 중 하나는 이 조항 안에 여성혐오가 담겨 있어서라고 생각한다. 앞서 살펴본 바와 같이 이성애·정상가족 중심 체제는 필연적으로 여성에 대한 억압을 동반한다. 이 체제는 여성에게 아내, 엄마, 딸로서의 역할을 부여하고 강요한다. 이 과정에서 여성의 성과 욕망, 주체성은 강력하게 통제된다. 여성혐오 문화는 이런 환경에서 작동한다. 통제를 벗어난 여성, 성적 욕망을 드러내는 여성, '자기 역할'을 하지 않는 여성은 어딘가 문제가 있는 것처럼 묘사된다. 이런 여성을 통제하기

* https://www.womenlink.or.kr/statements/19212 (검색일: 2022. 3. 10.)

위해 멸시하고 희화화하고 낙인을 부여한다. 한편 수동적이고 취약한 여성은 이상적인 성적 대상으로 소환되고 소비된다.

군형법 제92조의6의 존재는 이런 현실과 무관하지 않다. 이 조항이 항문성교를 처벌 대상으로 삼은 것은 이성애중심 사회에서 남성 간의 성행위는 말 그대로 '추행醜行'이기 때문이다. 남성은 오직 삽입의 주체가 될 수 있을 뿐 대상이 되어서는 안 된다.* 남성 동성애자들이 "여자가 되고 싶냐?"와 같은 말을 종종 듣는 것도 이런 인식 때문이다. 이 이야기를 거꾸로 뒤집으면 어떤 의미가 될까? 삽입의 대상, 성적 대상은 오직 여성뿐이라는 뜻이 된다. 이런 식의 논리라면 여성은 성적인 관계 혹은 남성과의 관계에서 능동적인 행위자나 주체가 될 수 없다. 일견 동성애자 탄압으로만 보이는 군형법 제92조의6은 이중의 차별과 억압을 근간으로 두고 있다.

---

* 물론 이런 식으로 성관계에서 주체와 객체를 나누는 것은 불가능하다. 삽입하는 사람만이 성관계를 주도적으로 이끄는 것도 아니다.

페미니스트가 되는 건 중요한 일이 아니다

나는 왜 페미니스트가 되었을까? 왜 페미니스트라고 스스로를 소개하는 데 거리낌이 없을까? 많은 경우 남성들은 페미니즘이 여성인권을 향상시키고 성평등 세상을 이룩하기 위한 이념이기 때문에 조력자로서 이 운동에 함께하겠다는 태도를 취하곤 한다. 나는 연대의 차원에서 남성들의 이런 입장에 부정적이지 않다. 모든 사회운동에 당사자만 참여해야 한다고 생각하지 않는다. 추구하는 정의가 같다면 어떤 입장을 가지고 운동에 함께하는지가 중요할까.

다만 나에게 있어 페미니즘은 첫 만남부터 삶에 깊숙이 연관되었다. 내게 주어진 멸칭을 제목으로 한 책에서 페미니즘을 만났고, 그 멸칭이 사실은 멸시의 의미를 담지도 않았을뿐더러 내 삶을 옹호할 수 있는 자원임을 깨달았다. 나의 성적 지향이 정확히 무엇인지, 그게 왜 이상한 게 아닌지 알려 준 것 역시도 페미니즘이었다. 차별과 배제에 저항한 페미니스트들의 역사는 어떤 삶을 살아가야 할지 알려 준 소중한 지도였다.

페미니즘은 문자 그대로 '계집애' 같은 남자, 남자를 좋아하는 남자인 나를 구했다. 만약 페미니즘을 만나지 못했다면 나는 내가 누구인지 제대로 알지 못했을 것이고, 부당한 대우를 당연하게 여겼을 것이며, 혐오를 내면화한 나머지 스스로를 수치스럽게 여겼을 것이다. 페미니즘은 나로 하여금 방황과 자학을 일찌감치 그만두게 만들었다. 물론 나 또한 다른 남성들처럼 성차별적인 사회에서 내가 어떤 특권을 누리고 있는지를 성찰하기도 했다. 차이가 있다면, 그것만 하지는 않았다는 점이다.

서두에서 언급했던 질문, "나는 페미니스트인가? 남성도 페미니스트가 될 수 있는가?"라는 의문을 품지 않았던 것은 이 때문일지도 모른다. 보다 정확하게 말하자면, 그건 별로 중요하지 않았다. 어쩌면 누군가는 여러 이유를 들며 "당신은 페미니스트가 아니며 될 수도 없다"고 말할지 모르겠다. 맞다. 그럴 수도 있다. 페미니즘에 대한 생각의 차이는 매우 크고, 누군가는 내게 페미니스트로서 충분한 자격이 없다고 말할 수도 있다. 그렇다고 한들 달라지는 게 무엇인가. 페미니즘은 이미 내 삶을 변화시켰고, 새로운 목소리들과 함께 그 변화는 갱신되고 있다. 이는 내가 앞으로 어떤 삶을 살고 어떤 가치를 추구할지에 영향을 미칠 것이다. 페미니즘이 내게 중요한 이유 중 하나다. 페미니스트라는 인정을 받든 받지 못하든 간에 달라지지 않는 사실이다.

자신의 페미니스트 정체성을 놓고 불안해하는 남성들에게 묻고 싶다. 그게 정말 중요한가? 그게 당신의 신념과 지향, 실천에 영향을 미치는가? 만약 페미니스트라고 인정받지 못하면 당신은 하루아침에 다른 사람이 되는 것인가?

달라지는 지형을
끊임없이 달려 나가며

질문을 조금 다른 각도로 돌려 보자. 남성인 당신은 왜 페미니스트가 되고 싶은가? 왜 페미니스트라고 인정받고 싶은가? 페미니즘은 '남성혐오'라며 자신이 안티 페미니스트임을 거침없이 드러내는 남성이 즐비한 세상에서, 페미니스트가 될 수 있는지를 질문하는 남성은 양반일지도 모른다. 더 나은 사람이 되고 싶다는 선한 의지를 일부러 깎아내리고 싶지도 않다.

다만 자신이 '페미니스트'라는 말을 하나의 징표로 여기는 건 아닌지 의심해 볼 필요는 있다. 자신이 성차별주의자도 여성혐오자도 아니라는 징표, 기득권을 손에 쥐고 부당한 권력을 휘두르는 사람이 아니라는 징표, 부정의한 사람이 아니라는 징표, 성별을 무기 삼아 해를 가하는 남성이 아니라는 징표 말이다.

페미니스트라고 인정받든 그렇지 않든 당신은 바뀌지 않는다. 세상에 완성된 인간은 존재하지 않는다. 흐르는 시간과 변화하는 지위에 따라 사람은 늘 달라지기 마련이다. 성범죄로 처벌을 받거나 혹은 죽음으로 조사를 회피했던 고위 공직자들을 떠올려 보라. 그들 중 몇몇은 한때 '페미니스트 정치인'이라 불렸다. 그러한 그들의 과거에 거짓과 위선만 존재했으리라 생각하지는 않는다. 그들의 신념이 진실된 순간도 분명 있었을 것이다. 하지만 과거의 인정에 머무르고 성찰하기를 멈추었을 때, 어떤 일이 벌어졌는가. 자기 자신이 스스로의 신념에 반하는 인간이 되어 가고 있음에도 눈치채지 못했고, 혹은 알고도 무시했다.

사람은 그대로인데 세상이 변하는 경우도 있다. 소수자들의 목소리가 사회에 영향을 미치고, 기존의 이론이 발전하거나 이전에는 놓쳤던 인식이 물 위로 올라오면서 차별과 혐오의 기준도 변화하고 있다. 한국 사회에서 남성들은 상대적으로 얌전하거나 고압적이지 않은 태도만 보여도 '여성을 존중한다'는 평가를 받아 왔다. 그런 이들의 언행도 지금 기준에서 살펴보면 성차별인 경우가 태반일 것이다. 즉 혐오주의자나 차별주의자의 삶을 살고 싶지 않다면, 세상의 변화와 새롭게 등장하는 목소리를 민감하게 살펴야 한다. 관찰하고 성찰하고 스스로를 갱신하기를 반복해야 하는 것이다.

사실 페미니스트라고 인정받고 싶어 하는 남성을 온전히 이해할 수 없는 나로서는 말을 얹기 조심스럽다. 하지만 그 욕망이 징표를 얻으려는 것에서 출발한다면 이건 분명히 말할 수 있다. 그 징표는 아무짝에도 쓸모없다. 여성이건 남성이건 세상에 완벽한 페미니스트는 없다. 완벽한 인간이 없는 것과 마찬가지다. 사람은 실수하고 실패하기를 반복한다. 추구하던 것을 은연중에 망각하거나 그 내용이 업데이트되었다는 사실을 놓치기도 한다. 중요한 건 거기서 멈추지 말아야 한다는 점이다. 실수를 인정하고 성찰할 수 있다면, 실패에서도 무언가를 배울 수 있다면 내가 지향하는 가치에 좀 더 걸맞은 사람이 되어 갈 수 있다. 내가 읽은 여러 페미니스트들의 글에서 그들은 실패의 경험을 공유하는 데 주저함이 없었다. 후발 주자의 시행착오를 줄이려는 동시에, 자신이 아무런 결점 없이 지금의 깨달음을 얻게 된 게 아님을 알리려는 의도이기도 하다.

'주자走者'라는 표현을 쓰고 나니 내가 하려는 말이 조금 더 명확해지는 느낌이다. 다시 말하지만 자신을 무엇이라 소개하든 특정한 신념을 정체성으로 삼는 건 완성의 선언이 아니다. 우리는 끊임없이 무언가를 쓰고 말하고 행한다. 내가 하는 일들이 내가 지향하는 가치에서 점점 멀어진다면 나의 정체성도 달라질 수밖에 없다. 거창한 인식의 전환이 아니더라도 시간의 흐름에 따라 나는 계속해서 새로운 판단을 내려야 한다. 생각도 실천도 갱신되어야 한다.

페미니스트로 산다는 건, 성평등하고 차별 없는 세상의 추구라는 원칙 아래 계속해서 달라지는 지형을 달려나가는 것과 비슷하다. 어느 길로 어떻게 달려야 할지 계속 생각해야 한다. 이 과정은 끝나지 않는다. 그러니 "남성인 내가 페미니스트가 될 수 있을까?"를 질문하며 주저하는 이들에게 말하고 싶다. 출발조차 하지 않는다면 어떻게 답을 알 수 있겠는가.

우리가 함께하는 방법들

이한

땅콩과 아몬드

짜장과 짬뽕, 비냉과 물냉, 부먹과 찍먹, 민초와 반민초, 딱복과 물복…. 인터넷에는 각종 먹을 것을 둘러싼 치열하고도 유구한 논쟁이 즐비하다. 우습고 유치해 보여도 이게 다 잘 먹고 잘 살려는 처절한 몸부림이다. 한 끼에 최선을 다하는 진지한 모습은 때로 감탄스럽기도 하다.

"땅콩과 아몬드 맛을 구별할 수 있어?"

대학생 시절, 친구들에게 많이 물어봤던 질문이다. 먹을 것에 대해 치열하게 고민하는 사람들과는 다르게, 나는 유난히 맛에 둔감하다. 음식에서 느끼는 희로애락이 미미한 편이다 보니 때마다 찾아오는 끼니가 설렘보다는 고역이다. 지금도 급식소 운영을 공약으로 하는 정치인 후보가 있다면 두말하지 않고 뽑을 의향이 있을 정도다. 늘 "아무거나"를 외치다 보니 주변에서 잔소리도 많이 들었다. 하지만 진심인걸. 나에게는 코카콜라와 펩시콜라가 똑같을 뿐만 아니라, 사이다나 환타도 그냥 탄산음료일 뿐이다. 생선류나 육류도 피차일반이다. 한마디로 맛의 스펙트럼이 좁다.

그렇게 살다 보니 다 그런 줄 알았다. 조금 둔한 줄은 알았지만 으레 다 비슷하겠거니 생각했다. 그러던 어느 날, 중국 음식점에서 땅콩을 먹으며 친구와 대화를 나누던 중 무언가 이상함을 느꼈다. 친구는 땅콩에 손도 대지 않았다.

"견과류 알레르기 있어?"

"아니, 그냥 안 먹는 건데?"

"왜? 견과류 싫어해?"

"다른 건 괜찮은데 땅콩만 싫어."

대화는 "땅콩도 너가 싫대"라는 장난스러운 말로 마무리됐지만, 견과류의 맛을 대체로 유사하게 느끼던 나는 그 조그만 녀석들의 미묘한 맛 차이 때문에 호불호가 생긴다는 게 새삼 충격이었다. 어쩌면 이 친구 녀석이 유난한 것은 아닐까. 만나는 사람마다 "땅콩과 아몬드 맛을 구별할 수 있어?"라고 물어보며 나를 보편으로, 친구를 미식가로 만들어 보려 했으나 표본을 늘려 가도 결과는 달라지지 않았다. 괜히 억울한 마음에 "눈 감고 먹으면 구별하기 어려울 것이다", "코 막고 먹으면 모르지 않을까?", "식감의 차이일 뿐이라 갈아서 먹으면 다 비슷할 거다" 등 구차한 주장을 하기 시작했다. 하지만 결국 인정할 수밖에 없었다.

어떤 사람들은 나보다 다채로운 세상을 살아간다. 비단 땅콩과 아몬드만의 문제가 아니었다. 주위 사람들에게 물어볼수록, 나는 맛이나 냄새, 색깔 등에 대한 감각과 감정 전반이 무디다는 걸 깨달을 수 있었다. 점점 자괴감이 들었다. 세상 사람들은 나보다 훨씬 다양한 스펙트럼으로 세상을 맛보고 느끼고 감각하고 사는구나 싶어 부러웠다. 왜 이렇게 된 걸까? 태생이, 근본부터 무뎠나? 하지만 내 유전자를 조합한 두 사람은 미식가까진 아니더라도 나름대로 감각이 있다. 그럼 내가 자란 환경은 어땠지? 땅콩과 아몬드 정도는 큰 아쉬움 없이 먹고 자랐지 싶다. 그렇게 이유를 고민하기 시작하자, 어릴 때부터 내가 쫓아다닌 이상한 취향(?)이 떠올랐다.

자아를 구축하던 어린 나는 작은 일에도 토라지고 눈물 흘리는 자신이 참 못나 보였다. 유난히 불안감이 컸던 탓에 작은 것 하나에도 염려하고 안절부절못하는 게 싫었다. 뭔가 좀 그럴싸한 남성, 일희일비하기보다는 힘든 일도 웃어넘기며 씩씩하게 이겨 내는 '단단한' 사람이 되고 싶었다. 단단한, 아주 단단한. 드라마 〈응답하라 1994〉(2013)에 나오는 '쓰레기'(정우 역)가 내가 생각한 이상적인 남성에 가까웠다. 까탈스럽지 않게 아무거나 잘 먹고, 아무 데서나 잘 자고…. 그런 쿨한 남성에 대한 로망은 성장 과정에서 어느 정도 현실이 됐다. 동시에 많은 섬세한 감정과 감각이 사라져 버렸다. 그것을 표현하는 것도 어려워졌다.

한동안은 괜찮았다. 오히려 편했고, 감정에 휘둘리지 않는 게 자랑스러웠다. '이성적인 나'에 취해 삶의 스펙트럼은 단출해졌다. 이상함을 느낀 건 그런 태도가 꽤 체화된 이후였다. 대학생 때 반년간 태국의 한 고등학교에서 한국어와 문화를 가르친 적이 있었다. 외국인이라곤 없는 시골에서 같이 간 동료 몇 명과 동고동락했다. 아쉬운 시간이 지나고 기어코 귀국일이 다가왔다. 이제 가면 언제 보나 싶은 마음에 같이 간 친구들과 학생, 선생님 모두 눈물바다였다. 나만 빼고.

모두가 서로를 보듬는 순간에도 나는 차오르는 감정을 어떻게 해야 좋을지 몰라 멀뚱히 서 있었다. 괜히 머쓱하여 떠나는 이들의 사진을 찍고 장난을 치며 슬픔을 숨겼다. 한국에 돌아와서도 그 황망한 순간이 머리를 떠나지 않았다. 나는 왜, 무엇이 부끄러워 울지도 못하고 발만 동동 굴렀나. 20대 창창한 나인데 감정이 이렇게 무뎌도 괜찮은 건가.

돌이켜 보면 어릴 때부터 그런 건 아니었다. 반려견이 무지개다리를 건너던 날, 오랜 친구를 두고 이사 가던 날, 유치원에서 고작 1박 2일로 캠프를 떠나던 날에도, 나는 세상이 떠나가라 울던 아이였다. 누가 애써 말리거나 부추기지 않았지만, 이른바 '듬직한 남자 어른'으로 자리매김하기 위해 감정을 점차 표현하지 않게 된 것이다.

비단 나만의 문제는 아니었다. 아버지의 숙원 사업으로 가족사진을 찍을 때였다. 카메라 앞에서 자연스러운 표정을 짓는 것은 모두에게 고역이었으나 아버지는 유난히 "환한 웃음!"이라는 요청을 어려워했다. 사진사는 "원래 중년 남성들 웃는 모습을 찍는 게 가장 어렵다"라며 머쓱해하는 아버지를 위로했다. 아버지는 그리 엄하거나 가부장적이지 않았지만 그가 환히 웃는 모습은 나도 익숙하지 않았다. 대부분의 중장년 남성에게서 그런 모습을 본 적이 드물었다. 땅콩과 아몬드를 구별하지 못하는 나의 모습과 겹쳐 보였다.

"페미니즘을 접하고 광명을 찾았어요!"라는 이야기는 아니다. 나에게는 여전히 땅콩과 아몬드의 맛 차이가 희미하다. 어떤 감각은 돌이킬 수 없을 만큼 잃어버린 게 아닐까 싶어 안타깝다. 엎친 데 덮친 격으로 페미니즘을 접하고 나서는 자연스럽고 당연하게 느껴지던 많은 것들이 어색하고 불편해지기 시작했다. 그러나 이제는 그 불편함이 내 삶을 다채롭게 만드는 과정임을 안다. 땅콩과 아몬드의 맛과 향, 모양과 색, 쓰임 등 미묘한 차이를 느끼고 구별할수록 삶의 어떤 부분은 형형색색으로 풍요로워진다. 이제부터 내가 할 이야기는 그냥 견과류가 아닌, 땅콩과 아몬드의 이야기다.

어쩌다 마주친 페미니즘

"무슨 일 하세요?"라는 질문에 답하는 게 이렇게 어려울 일인가. 새로운 사람을 만나는 게 어렵고 부담스럽다는 건 아니다. 다만 낯선 사람을 만났을 때 으레 하는 자기소개에서 말문이 막힐 때가 많다. 그러니까, 크게 보면 시민사회 활동을 하고는 있는데 너무 두루뭉술하니까 교육 활동이라고 이야기할까… 성평등과 관련된 활동을 하는데… 교육도 하기는 하는데… 교육만 하는 건 아니긴 해서… 글도 쓰고… 단체 운영도 하고 있긴 한데… 그렇다고 거기서 돈을 버는 건 아닌데…. 구구절절 설명하기 어려워 요새는 그냥 "좋은 세상 만드는 어려운 일 합니다"라고 소개한다.

소개에서부터 애먹는 또 다른 이유는 이 활동을 하며 마주하는 사람들의 당혹스러운 표정 때문이다. 내 명함에는 떡하니 '남성과함께하는페미니즘', '성평등 교육활동가'라는 말이 쓰여 있는데, 이를 납득시키는 건 쉽지 않은 일이다. 명함을 받은 사람들은 대체로 두 부류의 반응을 보인다. "이걸 대체 왜?" 아니면 "이걸 네가 왜?". 인지부조화(?)를 느낀 사람은 내 모습, 내 이야기를 하나하나 뜯어보며 어떻게든 이유를 찾으려고 한다. 예컨대 가족 얘기를 하면 "여성 가족과 많이 부대껴서 그렇게 됐구나" 하는 식이다. 남성이 페미니즘에 관심을 갖는 경우가 흔치 않으니 잇따를 만한 반응이라 생각하고 웃어넘기지만 유별나다는 반응이 썩 좋을 리 없다.

이런 식의 구별 짓기는 대개 페미니즘에 대한 낙인과 동시에 이루어진다. 유별난 가정환경을 겪지 않았을까? 어떤 꿍꿍이가 있는 건 아닐까? 의심과 염려가 담긴 눈초리는 나와 페미니즘을 이상한 무엇으로 단정한다. 자신과의 사이에 경계를 단단히 세워 변하지 않아도 괜찮은 안온한 영역에 머무르고자 하는 마음이다. 그곳에서는 질문하지 않아도 괜찮다. 상대방이 왜 그렇게 사는지, 사람들은 왜 그렇게 시끄럽게 구는지, 이 세상이 어떻게 변하고 있는지 몰라도 괜찮은 특권에 기대어 있는 마음이다.

나는 자주 사람들에게 페미니즘을 접하게 된 계기를 물어본다. 한순간에 페미니스트가 되는, 환상적인 '페미니즘 모멘트' 같은 것을 가진 사람은 거의 없다. 그저 나날이 조금씩 공부하고 돌아보며 페미니스트로 살아가기 위해 발버둥 치는 일상만 있을 뿐이다. 나 또한 그렇다. 사람들의 기대가 무색하게, 나는 그다지 특별한 가정환경을 경험하지 않았다. 구린내 나는 흑막도 없고 대단한 각오나 계기도 없다. 그저 가랑비에 옷 젖듯 페미니즘을 접했고, 바라는 거라곤 좋아하는 사람들과 함께 좀 편하고 재밌게 사는 게 전부다.

내가 페미니즘을 마주할 수 있었던 가장 큰 계기는 주변 사람, 특히 대학에서 만난 친구들 덕분이다. 학교에 갓 복학했을 때, 매사가 조금은 부끄럽고 어색했다. 나름 학교에 적응해 보겠다고 학생회 활동을 했고, 그곳에서 페미니즘을 공부하는 친구들을 만났다. 처음에는 같이 공부했다기보다 옆에서 귀동냥하는 게 전부였다. 싸우기도 많이 싸웠다. 나는 그저 궁금해서 물어본 것뿐인데, 비슷한 질문을 수없이 들어 온 친구는 그 정도는 스스로 알아볼 수 있는 거 아니냐고 화를 내기도 했다. 그게 또 못내 섭섭해서 모진 말로 친구의 속을 긁으며 싸웠다. 내 안에 남아 있는 여성혐오적인 생각이 내비칠 때마다 친구들은 실망하고 화를 내고 한숨을 쉬면서도, 때로는 멱살을 잡아끌며 끝끝내 포기하지 않고 함께해 주었다.

친밀한 사이라서 가능한 이해의 순간도 많았다. 여성인 친구들은 자신이 겪었던 일상의 성차별과 성폭력 경험을 나눠 주었다. 택시를 타고 가까운 곳에 갈 때면 기사가 불쾌해할까 두려워 매번 현금을 준비해 다녔다는 친구, 공중화장실에 갈 때마다 초소형 카메라에 대한 염려로 마스크를 쓰게 되었다는 친구…. 이야기를 듣다 보면 동시대를 살아가는 동년배라고 할 수 있을까 싶었다. 믿기지 않아 외면하고 싶다가도, 차마 그냥 넘길 수 없어 이해되지 않는 이야기를 혼자서, 또 다른 친구와 함께 곱씹었다. 그렇게 페미니즘이 조금씩 우리의 일상으로 자리매김했다.

생각해 보면, 사람에 대한 애정이야말로 페미니즘을 접한 가장 큰 계기이고 또 이어 가는 가장 큰 동력이다. 친구의 이야기를 들으며 생겨난 애틋함과 염려, 이해하고 소통하기 위해 갈등하고 번민하던 시간들, 그 모든 게 애정이 아니고서는 가능하지 않다. 페미니즘은 사랑과 동떨어질 수 없다. 페미니즘은 어떻게든 같이 살아야 하는, 살 수밖에 없는 우리에게 함께하는 법을 가르쳐 준다. 나뿐만이 아니라 이 일을 하며 만난 많은 사람들이 그랬다. 곁에 있는 이와 어떻게 하면 조금 더 가까이, 덜 갈등하며 지낼 수 있을까 고민하다가 그렇게 페미니즘을 만났다.

폭주하는 남성성 열차에서 탈출하기

사람에 대한 애정으로 페미니즘을 접하기 시작했지만, 그렇다고 온통 이타적인 동기만으로 활동을 지속하는 건 아니다. 나는 한국 사회에서 남성으로 보이고, 스스로 남성으로 생각하며, 이성을 사랑하는 사람으로 살아왔다. '남자답다'라는 말을 듣고 남성성을 의심받지 않기 위해 다분히 노력해 왔다. 그런 나에게 페미니즘은 해방의 언어였다. 페미니즘을 접하고 한동안 내 말과 행동, 생각을 돌아보게 됐다. 습관처럼 남은 여성혐오에 죄책감이 드는 날도 있었지만 그간 나를 옥죄던 가부장제의 관습, 남성연대의 압박에서 벗어나 해방감을 느끼는 날도 있었다. 가장 속 시원한 건 이제 더는 '남성다움'이라는 지독한 강박에 시달리지 않아도 된다는 것이었다.

다수의 남성과 함께하는 공간에는 늘 묘한 긴장감이 흘렀다. 나이, 덩치, 외모, 경제력, 성적 등을 기준으로 빠르게 서열이 생겼다. 친한 친구들 사이에서도 꼭 놀림거리가 되는 사람이 있었다. 그나마 그렇게라도 무리에 섞일 수 있으면 다행이었다. 운동을 좋아하지 않거나 못한다면, 여성을 밝히지 않거나 혹은 여성과 너무 친하다면, 심지어 동성 친구의 안위를 묻고 살갑게 구는 것마저도 약자성을 드러내는 것으로 간주되어 소외되기 십상이었다.

남성연대의 이런 문화가 얼마나 유치한지 이제는 편히 이야기할 수 있지만 학교와 또래 집단이 세상의 전부였던 학창 시절, 소외의 공포는 결코 가볍지 않았다. 특히 어린 시절 수차례 이사를 다니며 공고한 남성연대에 편입되기 위해 매번 안간힘을 썼던지라 이 발버둥은 오래도록 트라우마였다. 페미니즘을 접한 이후에는 죄책감이 되어 나를 괴롭혔다. '어쩔 수 없었다'는 자기변명은 비겁하게, '이제는 다르다'는 자기반성은 거짓말처럼 느껴졌다. 다만 지금의 현실에서도 여전히 반복되는 이 문제를 개선하기 위해 나 자신에 대한 고민과 반성에서 '출발'할 수는 있지 않을까 싶었다.

나는 남성연대 가운데서 어떻게 살아남았나? 외형은 볼품없고 그렇다고 운동을 잘하는 편도 아니었다. 우수한 성적으로 교사에게 예쁨을 받은 것도 아니고, 기념일마다 햄버거로 친구들의 허기진 배를 채워 줄 재력도 없었다. 그런 내가 살아남은 방법은 기행이었다. 요즘 말로 하자면 '관종', 유사한 말로는 '인정투쟁' 정도가 되겠다. 나는 웃기거나 별난 놈이 됨으로써 친구들 사이에서 인정받기를 택했다. 사실 택했다기보다는 그게 내게 남은 거의 유일한 선택지였다. 괴담이나 웃긴 일화 등을 휴대폰에 잔뜩 적어 놓고 기회만 되면 '썰'을 풀었다. 주변에 비슷한 친구가 많아서 일종의 주목 경쟁이 벌어졌다. 웃긴 사람이라는 타이틀을 걸고 시합을 펼치기도 했다. 몇 가지 제시어로 언어유희를 해서 여성 친구들을 가장 많이 웃기는 쪽이 승리를 거머쥐는 황당무계한 방식이었다.

20대 초반까지, 나는 늘 저체중의 왜소한 체형이었다. 운동도 먹는 것도 그다지 좋아하지 않았으니 어쩌면 당연했다. 왜소한 체형으로 크게 스트레스 받지는 않았다. 그러나 이런 생각은 군대에서 곧 바뀌었다. 나는 의무 경찰, 그중에서도 교통의경으로 복무했다. 아침저녁 러시아워에 교통 체증을 뚫어 주고, 안전띠나 헬멧 미착용, 신호 위반, 음주 등을 단속하고, 도로 위의 소소한 문제를 해결하는 게 주 업무였다. 이때 만나는 사람과의 상황이 썩 유쾌할 리 없으니 매일 갈등의 연속이었다. 갈등을 빚을 때마다 인간에 대한 불신과 혐오가 커졌다. 선임들은 하나같이 덩치도 좋고 인상도 강했다. 그래서인지 민원인을 상대할 때 갈등이 확연히 덜했다. 머리로는 이해가 되지 않았다. 그래 봤자 똑같이 의경일 뿐인데? 설령 의경이 아니라 경찰이라 해도 어차피 물리력을 쓸 수 없는 건 매한가지가 아닌가? 그런데 내 앞에서는 소리를 지르고 거칠게 반말하던 민원인이 선임 앞에서는 공손하게 굴고 저항도 덜 하는 것을 보며 황망함을 감출 수 없었다.

음주 단속을 하다가 술에 취한 운전자에게 뺨을 맞은 날 이후, 나는 운동에 몰두했다. 근육질까지는 아니더라도 왜소해 보이지 않을 정도로 몸집을 키웠다. 얼굴에 웃음기를 빼고 말투도 한층 거칠게 했다. 퉁명스럽고 무뚝뚝한 모습이 어색하고 불편했지만 쓸데없는 갈등을 줄이기 위해서라면 불가피하다고 느꼈다.

편리하기도 했다. 복잡할 것 없이 여느 동물처럼 가슴을 한껏 부풀렸을 때 가장 큰 동물이 우두머리가 되는 것일 뿐이다. 단순 명료했고 합리적이라는 생각마저 들었다. 그러나 불행 중 다행으로 이러한 생각은 그리 오래가지 못했다. 허세를 부리던 선임이 민원인에게 객기를 부리다 손이 발이 되게 비는 광경을 보고 말았다. 아무리 힘이 세다, 몸이 좋다 자랑한들 결국 더 강한 힘 앞에서는 무용지물이었다. "담당자 나와!"라는 말 한마디에 꼬리를 내릴 거라면 대체 왜 그렇게까지 허세를 부렸을까. 그다음부터 선임의 객기에서는 짙은 짠내가 풍겼다. 늘 그런 식이었다. 서열 다툼을 위해 눈치 보고 간 보고, 만만하면 지배하고 정복하려 들고, 좀 어렵다 싶으면 또 빠르게 꼬리 내리고. 다행히 제대와 동시에 유치한 역할놀이는 막을 내렸다.

남성연대 가운데서 살아남기 위해 애썼던 과거의 흔적들을 지우는 데는 꽤 긴 시간이 필요했다. 그저 어린 시절의 객기인 줄만 알았는데 그때의 마음가짐, 태도, 언어 습관이 뿌리 깊게 자리 잡았다. 한번은 연애하는 상대에게 왜 이렇게 자신의 이야기를 기억하지 못하냐고, 귀담아듣지 않느냐고 질타를 받았다. 그 말에는 뼈가 있었다.

학창 시절 주목을 얻어 내고자 했던 경쟁 과정에서, 대화는 타인과 정보나 교감을 주고받는 게 아닌 나의 말을 위한 땔감 정도로 전락해 버렸다. 마치 예능 프로그램에 나온 초보 방송인이라도 된 것처럼 다른 사람의 말은 듣지 않고 온통 자기 할 말만 생각하다 보니 대화가 잘될 리 없었다. 대화에서 주도권을 가져오기 위해 경쟁하고 발버둥치는 모습은 얼마나 미운가. 페미니즘을 공부한 뒤로도 한참이 지난 후에야 나에게 이런 언어 습관이 있음을 알 수 있었다.

지금은 어디에 가든 '17초 룰'을 떠올린다. 사람이 대화에 집중할 수 있는 시간이 고작 17초뿐이라는, 출처 미상의 믿거나 말거나 한 이야기다. 이 이야기가 사실인지 아닌지는 중요하지 않다. 그간 내가 눈치 없이 말이 많았던 것만큼은 명백한 사실이니까. 될 수 있는 한 수식어나 쓸데없는 예시는 줄이고 필수 요소만으로 이야기하려고 노력한다. 농담이 생각나도 나 혼자 발표하는 자리가 아니라면 자제한다. 일상 대화의 핵심은 내가 도드라져 보이는 게 아닌 상대방과 정보, 감정, 생각을 나누며 관계를 쌓는 것이다. 요즘은 사람이 많은 자리에 가서도 넌지시 '17초 룰'을 이야기한다. 하하 웃으며 내심 찔려 하는 남성들과 한층 쾌적해진 모임을 경험할 수 있다.

관계들의 변화

페미니즘은 나를 종잡을 수 없는 곳으로 데려간다. 어떤 때에는 새로이 알게 된 것에 충격을 받고, 이내 밀려드는 흑역사의 부끄러움과 죄책감에 고통스럽기도 했다. 그럼에도 나날이 바뀌는 인식과 언어 습관, 태도에 괜히 뿌듯하고 기쁜 때도 많았다. 어느새 동료들이 하나둘 생기면서 함께 분노하고 슬퍼하며 '대체로 즐거운' 페미니스트의 삶을 살고 있다.

나의 삶에서 가장 큰 변화가 생긴 부분은 바로 '관계'다. 제일 먼저 찾아온 변화는 외로움이 아닐까 싶다. 페미니즘을 갓 접한 이후, 세상이 온통 불편하게 느껴지며 기존 남성 친구들과의 관계에서 갈등이 잦아졌다. 그럴 수밖에 없었다. 여전히 많은 남성에게 페미니즘은 마치 해리 포터의 '볼드모트'처럼 감히 입 밖에 낼 수 없는 금기의 언어, 불온한 사상이다. 그들 사이에서, 페미니즘을 접한 남성은 언제 '프락치' 취급받을지 모르는 염려를 안고 살아간다. 나 역시 그랬다. 일상적으로 쏟아지는 여성혐오적 표현에 더는 웃지 못하면서도, 동시에 분위기를 망치고 싶지 않아 침묵하고 외면하기도 했다. 그런 날은 나의 위선이 가증스럽게 느껴져서 페미니즘 책도 읽지 못했다.

하루는 페미니즘을 이야기하는 자리에 초대됐다. 기대에 부응하고자 어떻게 페미니즘을 접하게 되었는지, 어떤 공부와 실천을 하고 있는지, 어떤 고민이 있는지 등을 열심히 떠들었다. 인터뷰는 제법 잘한 것 같은데 마음 한편이 이상하게 계속 찜찜했다. 하루를 마무리하며 인터뷰했던 내용을 되돌아보는데 그간 살며 쌓아 왔던 여성혐오적인 역사가 주마등처럼 스쳐 지나갔다. 죄책감과 부끄러움, 언제 나의 민낯이 드러날지 모른다는 두려움에 온통 마음이 괴로워 이불을 팡팡 찼다. 나의 부족함, 과오가 사람들에게 큰 실망을 안길지 모른다는 불안에 시달렸다. 어쩌면 내가 누군가의 마이크를 빼앗은 것은 아닐까 하는 걱정도 들었다.

그렇다고 이제 와서 "생각해 보니 페미니스트는 못 되겠네요" 하며 돌이킬 수도 없는 노릇이니 조금이나마 덜 부끄럽기 위해서라도 고군분투하는 수밖에 없었다. 친구들 사이에 밀정처럼 숨어서 여성혐오적인 언어나 가짜 뉴스처럼 문제가 될 법한 이야기가 나오면 슬쩍 화제를 전환했다. 때로 좀 더 용기가 나면 "근데 이런 이야기도 있던데"라고 운을 떼며 잘못된 내용을 수정하기도 했다. 성평등한 환경을 조성하기 위해 주기적으로 "나 요즘 이런(페미니즘) 활동 하잖아"라고 미리 밑밥을 뿌려 놓았다. 논리와 정보만으로 설득되지 않으면 주변 여성 친구들의 경험을 빌려 와 감정에 호소하거나 '반협박'을 하기도 했다.

    모두가 페미니즘 길만 걷는 해피 엔딩을 맞이하는 것은 아니다. 한번은 친하게 지내는 친구들과의 단체 채팅방에 페미니즘 관련 기사를 공유한 이후 한 친구에게서 장문의 메시지를 받았다. 그는 이런 식의 편향된 사상과 기사를 강요받고 싶지 않으니 그만하지 않으면 채팅방을 나가겠다고 단호히 말했다. 그간 사석에서 만나 관련 이야기를 할 때에도 종종 맞지 않는 부분이 있었으나 그래도 대화를 쌓으며 조금씩 소통해 왔기에 놀랍고 마음이 쓰렸다. 나는 아쉬웠지만 친구와 더 갈등을 이어 가고 싶지도, 마냥 관계를 포기해 버리고 싶지도 않았다. 결국 타협점으로 그를 제외한 다른 친구들과 함께 관련 이야기를 나누는 채팅방을 새로 만들었다.

이런 웃지 못할 일화가 거의 모든 관계마다 하나씩은 있다. 어떤 친구는 여전히 페미니즘을 이해하지 못하지만 그래도 내가 한다고 하니 존중하고 들어 보려 하고, 어떤 친구는 매번 자극적인 기사를 가져와 의견을 물으며 신경을 긁는다. 물론 연락이 두절되거나 어색해진 친구도 잔뜩 있다. 한결 단출해진 관계를 돌아보며 쓸쓸하고 외로운 마음이 들 때도 있다. 하지만 이 불화를 넘어 조금씩 변하는 친구들, 그들과 만들어 내는 새로운 관계는 이전에는 알지 못했던 새로운 지평을 열어 주었다.

기존의 동성 관계에서 살가운 말이나 감정 표현, 돌봄은 금기에 가까웠다. 친구의 감정을 어떻게 돌보아야 하는지 배워 본 적도, 경험해 본 적도 없어서 필요성조차 느끼지 못했다. 내 친구들 사이에서는 누군가 실연하면 있는 힘껏 놀리는 문화가 있다. 정말 최선을 다해서, 각양각색 참신하게도 놀린다. 그렇게 놀리면서 또 한 번 웃길 수도 있고, 마음 한편으로 실제로 그게 위로가 된다고 믿기 때문이다. 물론 겉보기에 효과는 좋다. 나오려던 눈물도 쏙 들어가니까. 다만 앞서 살펴봤듯이, 계속 그렇게 살면 '부정적인' 감정은 대체 어떻게 표현해야 좋을지 모르는 인간으로 자라게 된다. 나는 감정 표현, 특히 슬픔 같은 것을 부정적으로 치부하며 살아온 탓에 상대의 눈물 역시 이해하지 못하고 '감정적'이라며 좋지 않게 여기곤 했다. 희로애락을 나누지 못하는 관계에서 허전함은 커져만 갔다.

내게 필요한 건 마냥 웃기고 화려하기만 한 모습을 전시하는 무대와 관객이 아닌 고단함을 나누고 어려운 순간에 도우며 인생의 달고 쓴 맛을 함께하는 친구라는 걸, 페미니즘을 접하고 나서야 겨우 알게 됐다. 이런 관계가 절로 될 리 만무하고 내 안에 켜켜이 남아 있는 어색함, 낯간지러움과 마주해야 한다. 말투는 여전히 투박하지만 그래도 조금씩 친구의 안부를 묻는다. 누군가를 놀리며 웃음거리로 만드는 분위기가 될 때는 요새 열심히 갈고닦은 성대모사를 시도한다. 가르치려 들지 않고, 친구의 감정과 선택을 존중하고 이해하려 노력한다. 당연히 낯설고 어렵지만 이런 관계에서 만들어지는 서로돌봄이 나를 이전으로 돌아갈 수 없게 만든다. 페미니즘으로 맛보는 따뜻한 관계는 그 어떤 대단한 책보다 더 큰 페미니스트 동력이다.

이성, 연애, 사랑

남성 사이에서의 변화만큼이나 여성과의 관계에서도 다양한 변화가 있었다. 어렸을 때 나는 여성들과 가깝고 친하게 지냈다. 그런데 어느 순간부터 이런 관계에 균열이 생기기 시작했다. 아마 "술과 밤이 있는 한 이성과 친구가 되는 건 불가능하다"라는 이야기를 듣기 시작한 무렵부터였던 것 같다. '이성과 진정한 친구가 되는 것은 가능한가?'와 같은 주제로 논쟁이 벌어지기도 했다. 많은 사람이 불가능하다며 자기 부모도 친구 사이였다가 '여보', '자기'가 됐다고 증거를 내밀었다. 눈앞에 살아 숨 쉬는 튼실한 증거도 증거지만, 매번 이성애적 로맨스 분위기가 만연한 상태로 이야기되었기에 거기에서 나는 아니라고 당당히 말할 수 없었다. 그랬다간 '고자' 혹은 '게이'라고 놀림을 받거나 이성에게 어필할 수 있는 매력이라곤 하나도 없는 루저 취급을 당할 게 뻔했다.

연애에 대한 강렬한 사회 분위기는 주변 친구들에게 다종다양한 영향을 미쳤다. 일례로 어떤 친구는 새로운 모임에 갈 때면 거짓으로 이성 애인을 만들어 내곤 했다. 조금만 친해져도 연인 관계로 드릉드릉 시동을 거는 사람들이 불편했기 때문이다. 그저 인간으로서 할 수 있는 약간의 호의를 보였을 뿐인데 상대는 벌써 신혼집에, 혼수에, 2세의 태명과 이름까지 다 지어 놓으니 그나마 있던 일말의 호감도 사라져 버린다고 했다.

이런 이야기를 계속 보고 듣고 직접 경험하며 살다 보니 나도 조금씩 물들어 갔다. 그래서인지 이성과의 관계가 묘하게 불편해졌다. 대학에서 친하게 지내던 여성 친구와 같이 다른 학과 수업을 들었을 뿐인데 우리 둘이 연인일 것이라는 추측과 소문이 파다하게 퍼졌다. 해당 소문을 전해 들은 나는 화를 냈고, 소문의 또 다른 당사자인 친구는 나의 분노에 황당해하며 또 화를 냈다. 지금까지도 이 친구와 술을 마시면 그 이야기를 꺼내며 쌍방으로 분해한다.

늘 이런 식이었다. 친한 이성 친구가 있으면 주변에서 사귀냐고 묻는다. "그냥 친구야"라고 대답해도 소용없다. 어차피 상대는 "에이, 아닌 것 같은데"라는 말과 야릇한 웃음을 남기고 사라지고, 당사자는 답이 정해져 있는 질문 세례를 받는다. 이 지경에 이르다 보니 나중엔 나부터도 많은 관계가 헷갈리고 어려워졌다. 아니, 나는 헷갈리지 않을 자신이 있더라도 상대가 오해하거나 부담스러

위할까 봐 지레 겁먹기도 했다. 여성과의 관계는 점차 얄팍해졌다.

"우리는 동성이기에 우정으로 넘겼던 사랑이 많고, 이성이기에 사랑으로 착각한 많은 순간을 산다." 인터넷에 돌아다니는 말이다. 나의 착각이 비단 나만의 문제는 아니었구나 싶었다. 하지만 그런 한계에 머물러 있지만은 않았다. 내 인생에서 가장 즐거웠던 시기를 꼽자면 학교에서 페미니스트 친구들과 함께했을 때다. 내 자취방에 똬리를 튼 친구들은 정말 뿌리라도 내린 듯 떠나질 않았고 번갈아 가며 제집처럼 이용했다. 아지트였고 술집이자 동네 여인숙이었고 과방이었다. 다 같이 술을 마시다 졸리면 하나뿐인 이불을 가로로 깔아 놓고 가방을 베개 삼아 끼여서 잠이 들었다. 그곳에는 술도 있고, 밤도 있고, 이성도 있었으며, 누가 뭐래도 진정한 친구도 있었다.

한편 이렇게 (이성애 중심의) 연애지상주의가 판치는 세상이라면 연인과의 관계만이라도 좀 돈독하고 아름다워야 할 텐데, 막상 현실은 그렇지 않았다. 왜 이렇게 연애에도 따지고 재야 할 게 많은지. 대체 누가 정한 것인지, 언제 어디서 생겨났는지 모를 약속과 기대에 자주 허리가 휘었다.

연락은 사랑의 증표가 되어 서로를 옥죄었다. 애정이 여전함을 증명하기 위해 끊임없이 연락을 주고받아야 하며, 잠들기 전에는 통화로 자신이 집에서 하루를 마무리하고 있음을 증명해야 했다. 다른 이성과의 관계는 피해야 했다. 밥 먹는 정도는 괜찮으나 단둘이 술을 마시는 건 안 되었다. 그러한 관계는 언제든 무엇이든 질투의 대상이 될 수 있었다. 동시에 질투는 어느 정도 관계에 긴장감을 더하고 사랑을 증명하는 요소로도 이야기됐다. 섹스는 사랑의 증명이자 완성이었다. 상대에게 섹스어필하되 과거의 성 경험을 상기시키지 않도록 적당히 능숙해야 했다. 섹스리스는 사랑을 의심받을 수 있기에 주기적으로 섹스해야 했다. 그렇다고 '평균'을 알 길은 없었다. 남성들 사이에서 섹스에 대한 이야기는 허세와 허언, 판타지로 점철되어 실제와 무관하게 "일주일에 여덟 번"을 이야기하는 사람들이 넘쳐 났으니까.

위 투덜거림에서 짐작할 수 있듯, 페미니즘을 접하고 연애와 이별을 거치면서 사람들 입에 오르내리는 어떤 형태의 '연애'가 나와는 맞지 않을 수도 있겠다는 생각을 했다. 나아가 이제는 남이 만들어 낸 뻔한 역할놀이가 아닌 쌍방이 함께 추구하는 색다른 사랑을 하고 싶었다. 다만 홀로 사랑하는 게 아닌 까닭에 지금도 여전히 답 없는, 어쩌면 이전보다 훨씬 어려운 싸움을 하고 있다. 이를테면 요즘엔 호감 가는 사람이 생겼을 때 어떻게 접근해야 할지 몰라 방황하는 시간이 늘었다. 과거에도 그리 능숙한 편은 아니었으나 남들 하는 정도는 했던 것 같은데, 이제는 괜히 더 망설여진다. 상대가 부담을 갖지 않으면서도 적당히 내 마음을 느낄 수 있게 하려면 어떻게 해야 할까? 무작정 들이대거나 고백하는 게 아닌 상호 교감의 방법을 찾기 위해 지금도 부단히 애쓰고 있다. 이런 방황이 때론 어렵고 낯설게 느껴지지만, 기존 관계의 그릇을 벗어나 새롭게 만들어 갈 사랑의 모습이 설레고 기대된다.

조금씩 페미니스트로 살아가기[*]

지금까지 페미니즘을 접한 이후의 고군분투에 관해 이야기했다. 희로애락을 고루 말하려 노력했으나 글에는

---

[*] 사라 아메드가 쓴 『페미니스트로 살아가기』(동녘, 2017)의 제목에서 따왔다.

정제된 하이라이트만 담겼을 뿐 일상에는 밋밋하고 짠내 나는 일이 더 잦다. 페미니즘을 통해 이어진 관계도 있지만 페미니즘 때문에 회복할 수 없을 만큼 멀어진 관계도 있다. 페미니즘은 자주 답답했던 현실을 설명하는 언어였으나 동시에 부끄러운 모습을 비추는 거울이었다. 당연하다고 생각했던 것에 물음표가 달리고 대체로 답이 나오지 않는 질문이 꼬리를 물고 이어진다. 어쩌면 늘 경계를 부유할지 모를 어중간한 존재라는 불안이 엄습하기도 한다. 앞서 소제목으로 인용한 사라 아메드의 책에는 이런 이야기가 나온다.

… 페미니스트가 된다는 것은 학문적 차원의 성차별은 물론 일상적이고 평범한 성차별주의에 도전하는 것이며 또 그래야만 한다. 이것은 선택사항이 아니라 페미니즘을 페미니스트로 만드는 것이다.*

나는 이 문장을, 투쟁하듯 살지는 못하더라도 각자의

---

* 사라 아메드, 『페미니스트로 살아가기』, 이경미 옮김, 동녘, 2017, 32-33쪽.

자리에서 일상의 페미니즘을 실천하기를 당부하는 말로 받아들이고 있다. 여전히, 스스로를 페미니스트라고 소개하기 조금 부끄러울 때는 페미니즘을 공부한다고 이야기하고, 많이 부끄러울 때는 얼굴을 붉히며 집에 돌아와 이불을 차고 일기를 쓴다. 그러니까 이 글을 읽는 당신도 오늘은 힘내서 조금은 페미니스트로 살아갈 수 있으면 좋겠다. 다음에 만나면 당당하게, 조금만 부끄러워하며 서로 인사할 수 있으면 좋겠다.

이런 (남성) 페미니스트도 괜찮을까?

박정훈

나의 페미니즘을 찾아서

지난가을, 처음으로 남자 고등학생들 앞에서 강의를 했다. 『이만하면 괜찮은 남자는 없다』(한겨레출판, 2021)라는 내 책과 페미니즘에 관한 내용이었다. 대부분의 강의는 내게 우호적인 사람들 앞에서 하는데, 이번에는 장담할 수가 없었다. 지금까지 했던 강의 중에 가장 긴장감이 높다고 느껴졌다.

전문적으로 말을 하는 사람이 아니다 보니 화나는 사건에 대해 설명할 때는 약간 흥분도 하고 그러는데, 그날은 차분한 태도를 유지하며 조곤조곤 말했다. 학생들과 공감대를 형성하기 위해 '요즘 페미니즘은 너무 과하다'거나 '남자만 군대 가서 불쌍하다'라는 생각까지 했던 나의 10~20대 시절 이야기를 들려주었다. 그럼에도 내가 지금 왜 페미니스트로 살아가고 있는지, 왜 10대 남성에게도 페미니즘이 중요한지 설명을 했다. 어쩌면 생소한 내용이었을 텐데도 학생들이 한 시간 반 동안 집중해 줘서 고마웠다.

그들에게 가장 전달하고 싶었던 메시지는 '내 강의나 책 내용 중 일부라도 동의한다면 할 수 있는 만큼 하라'는 것이었다. 당장 페미니스트로 정체화하라는 것도 아니고, 페미니스트 선언을 하라는 것도 아니다. 다만 무엇이 문제인지 인식했다면 그것을 바꿔 나가는 움직임에 동참해 달라는 것이다. 사소한 실천이라도 말이다.

페미니스트의 '자격' 같은 것은 없다고 생각한다. 그러나 페미니스트로 살아가기 위해선 '앎'만으로는 불가능하다. 우리는 남성중심 사회에 길들여졌고 가부장제가 심어 놓은 관습들을 너무나 편하게 생각하고 있기 때문에 '이 정도면 됐다'며 방심해서는 안 된다. 페미니스트로서의 말이나 행동을 계속하고, 그에 대해 고민하고 책임지는 과정을 거쳐야 한다. "남자라서 미안해요"라는 말은 도덕적으로 보일 수는 있지만 자신도, 세상도 바꾸지 못한다.

그러나 종종, 남성들에게 "페미니스트로서 살아가라"고 말하는 것이 너무 속 편한 소리가 아닐까 하는 생각을 지울 수 없다. 나는 여러모로 운이 좋았기 때문이다. (활동은 거의 하지 않았지만) 진보 정당에 속해 있었고 독립언론에서 활동했다. 그 안에 속해 있는 이들에게 성평등은 중요한 문제였고, 나의 가부장적 인식은 주변 여성들과의 대화 속에서 번번이 깨져 나가기 일쑤였다. 현재 다니는 회사도 남초 조직이 아니고 페미니즘을 이야기하기 비교적 편한 환경이다. 온전히 우호적이진 않지만 적어도 내 생각을 존중해 주는 분위기다.

그래서 나와 전혀 다른 환경에서 살아온, 페미니즘에 관심이 없거나 그것을 '나쁘다'고 생각하는 이들을 대하는 태도는 언제나 고민거리였다. 강한 비판이 필요할 때가 있고 실제로 그렇게 하는 경우도 많았지만 그것이 끝이어서는 안 됐다.

99%의 남성은 나보다 페미니즘을 수용하기에 어려운 구조에 있다는 것을 인식하고 있다. 그렇다고 해서 그들이 페미니즘을 거부하거나 심지어 반대하는 행위마저 그럴 수 있다고 넘어갈 순 없었다. 그들을 이해하되, 이해를 토대로 제안하고 설득하고 싶다. '남성'이라는 사실을 페미니스트로서의 '약점'으로 생각해 더 강경하고 공격적인 입장을 취하자고 마음먹었을 때도 있었지만, 이젠 '나의 페미니즘'을 갖고 싶은 마음이 더 크다.

나는 여성에 대한 폭력과 차별에 분노하고 세상의 수많은 가해자를 강력하게 비판하는 일에 함께한다. 그러나 종종 식사 자리에서 편견 가득한 소리를 하는 친구에게는 지적하되 정색하고 달려들지는 못한다. 나 자신이 비겁하고 모순된 것이 아닐까 싶어서 자괴감에 빠질 때도 있었다. 하지만 나 또한 '너그러운 친구들'의 한마디 한마디를 자양분 삼아서 여기까지 왔다는 걸 고려하면, 한편으로는 지금보다 더 온건해지는 것도 나쁘지 않을 거란 생각도 든다. 태도의 문제는 언제나 어렵고 복잡하다. 가장 자주 직면하게 되는 고민이기도 하다.

남성 페미니스트가 어떤 태도로 살아가야 할지에 대해서 이런저런 말들은 많다. 그런데 어느 하나 내게 어울리는 말은 없었다. 서로의 내밀한 이야기를 나누고 혼란한 마음을 공유할 사람과 공간도 부족했다. 그나마 내가 쓰는 글과 책이, 독자들의 반응이 용기를 주었기에 조금씩 조금씩 나만의 패턴을 그릴 수 있게 됐다.

날카로운 화살을 날리는 것도, 조용히 손을 내미는 것도 모두 나의 모습이다. 어떤 것이 더 옳은지 확신할 수 없는데, 아마 영원히 그런 상태일지도 모른다. 그러나 학생들에게 말했듯 나도 일단 할 수 있는 일부터 하고자 한다.

나무위키에 있는 내 이름

나무위키의 '남성 페미니스트' 항목에는 '박정훈'이라는 내 이름과 『친절하게 웃어주면 결혼까지 생각하는 남자들』(내인생의책, 2019)을 쓴 이후 언론사와 인터뷰한 영상이 링크되어 있다. 현재 해당 영상의 댓글창은 닫힌 상태다. 기자라는 직업의 특성상 어지간한 악플에는 적응되어 있음에도, 그곳에 달리는 댓글의 수위에 놀라지 않을 수 없었다. 다행히 언론사 측에서 그 사실을 알고 댓글을 없앴다.

사실 남성 페미니스트는 어떻게 해도 비난받는 존재라는 걸 알고 있다. 페미니스트라는 이유만으로 마녀사냥을 하고 채용에서도 불이익을 주는 세상에서 하물며 남성 페미니스트라니. 안티 페미니즘 진영에서는 '위선'의 대명사로, 페미니즘을 지지하는 일부 사람들 사이에서는 '나대고' '함부로 말을 얹는' 이로 찍혀 있다. 심지어 "남페미는 불가능하다", "한남보다 남페미가 더 싫다"라는 식의 말을 듣는 경우도 적지 않다. 남성 페미니스트는 페미니스트와 마찬가지로 단일한 집단이 아니지만, 남페미를 자처하는 사람이 무언가 잘못을 하면 그것은 곧 집단의 잘

못이 된다.

반면 상대적으로 부담이 적은 측면도 있다. 페미니스트로 살아간다고 해서 남성이 갖는 젠더 권력이 사라지는 것은 아니다. 조금 더 과감하고 적극적으로 페미니즘을 이야기하더라도 현실에서 모욕당하거나 공격받을 가능성은 여성에 비해 적다. 일례로 내가 페미니즘 기사를 쓸 때와 여성 기자가 비슷한 기사를 쓸 때 받게 되는 '욕 메일'의 수나 강도는 상당히 다르다. 동료가 많지는 않지만 운신의 폭은 넓은 편이다.

남성 페미니스트의 말이 더 주목받는다는 것도 부인할 수 없다. 남성이 페미니즘을 말한다는 것은 아직까지도 한국 사회에서 흔치 않은 일이기 때문이다. 실제로 나는 "남자가 어떻게 그런 생각을 하느냐"라며 놀랍다거나 대단하다는 칭찬을 종종 듣는다. 그렇게 남성 페미니스트는, 한편에서는 너무나 부당한 비난을 듣고 다른 한편에서는 (원하든 원하지 않든) 이른바 '올려치기' 당하는 극단을 오간다.

일반적으로 나를 호명할 때는 그저 남성이 페미니즘을 이야기한다는 '신기함'에 집중하는 경우가 많다. 여성의 분노를 잘 이해하거나 대변하기만 한다면, 나의 가치는 남성의 발화 권력을 적절히 이용하는 것에 불과하다. 고작 그 정도에서 머무르고 싶진 않았다.

나의 책이나 강의 등에서 '남성'이라는 사실만이 강조되는 것은 언제나 찜찜하다. 나의 페미니즘은 여성과 동일한 관점을 가질 수가 없었고 그래서도 안 되었다. 그렇기 때문에 남성이 페미니즘을 이해하고 수용하는 방식에 있어서의 고민과 쟁점을 더 많이 이야기하고 싶었다. 남성 페미니스트는 여성 페미니스트와 다른 서사를 가질 수밖에 없고, 남성의 페미니즘 실천은 여성 인권이나 사회 발전을 위해서뿐만 아니라 자기 자신의 해방도 추구한다는 점을 전달하고 싶었다.

하지만 이러한 부분에 관심이 있는 사람은 흔치 않다. 하긴, 극심한 성폭력 사건 앞에서도 '꽃뱀'이나 피해자 책임론을 언급하는 이들에게 '남페미 서사'를 이야기할 여유가 어디 있겠는가.

그래서 나는 몇 년째 신기하거나 이상한 존재로 남아 있다. 물론 남성의 페미니즘 수용에 관한 나의 지론은 흑묘백묘론*에 가깝다. 내가 남성인 사실에만 집중하든, 혹

---

*   고양이가 검든 희든 쥐만 잘 잡으면 된다는 뜻.

은 여성의 말을 남성이 대신 전달하는 것으로 생각하든 한 명의 남성이라도 페미니스트가 되는 데 일조하면 된다고 생각한다. 강의 현장에서 같은 남성이 말한다는 이유만으로 남성들이 좀 더 귀를 기울이며 수용적인 태도를 보이는 상황은, 분통은 터지지만 명백한 현실이기 때문이다.

나는 내 생각을 많은 이들에게 전달할 수 있는 기회를 자주 누렸다. 어디까지나 남성으로서, 또 페미니즘 책을 낸 기자로서의 특권이었다고 생각한다. 그러한 기회를 허투루 쓰지 않으려고 최대한 노력했지만, 명성도 전문성도 없었기에 취재나 다양한 행사를 통해 만난 학자와 활동가 앞에서 부끄러움에 몸 둘 바 모를 때가 많았다.

동시에 일종의 열외 상태인 '깍두기' 같다는 느낌도 자주 받았다. 나는 평생 페미니스트가 아닌 남성 페미니스트로 규정되는 것은 아닐까, 어쩌면 페미니스트 사이에서 동료가 아닌 외부인이나 게스트로서만 존재하는 것은 아닐까 하는 두려움이 없지 않았다(성별이분법 타파를 외치면서도 이런 불안을 느끼는 스스로에게 자괴감이 들기도 했다).

그럼에도 페미니스트로 살지 않는 내 모습을 상상하기는 어렵다. 페미니즘은 여성에게는 생존이 달린 절실한 문제다. 애인이, 친구가, 이웃이 죽지 않고 차별받지 않는 사회를 만드는 길이 무엇인지 알게 되었으니 되돌아갈 수는 없는 법이다. 다른 길은 선택지에 없다.

또 하나, 말과 글로써 페미니즘을 한창 이야기하면서부터 '남성으로서 ~해야 한다'라는 강박에서 벗어날 수 있었다. 동시에 어울리지도 않는 남성연대에서 형님 운운하며 살아남을 필요가 없다는 사실도 알게 됐다. 페미니스트로서 살아야만 느낄 수 있는 것, 공감할 수 있는 일이 많다. 그러면서 '보편'과 '정상'에 해당되지 않는 내 모습도 긍정할 수 있게 됐다.

여성을 위해 페미니스트가 되라고 말하는 게 아니다. 안티 페미니즘은 모두를 하향 평준화시키면서 누구도 행복하지 못하게 만드는 주장이나 다름없다. 남성을 위한다는 착시를 불러일으킬 뿐이다. 반면 페미니즘은 불필요하고 불행의 씨앗이 되는, '권력'이라는 이름을 가졌지만 실제로는 '짐'에 가까운 그것을 내려놓으라고 남성에게 요구한다. 가부장제에서 진리나 규범처럼 여겨 온 것이 사실은 여성과 남성 모두를 불행하게 만드는 허상이었다는 것을 드러낸다. 이러한 상향 평준화를 지향한다.

그러므로, 누군가를 위해서가 아니다. 당신이 원하는

세상을 위해, 그리고 자기 자신을 위해 페미니스트가 되어 달라. 나무위키의 '남성 페미니스트' 항목에 기재되는 사람이 기하급수적으로 많아져 그곳에 구구절절 쓰인 모욕과 멸시의 설명들이 아무런 의미가 없어지는 날이 꼭 오기를.

어쩌다 '남페미'는 조신해졌을까?

"네가 페미니스트가 될 줄은 몰랐어."

오랜만에, 거의 10년 만에 안부를 주고받은 친구에게 들은 말이었다. 20대에도 여성학 수업을 듣고 페미니즘 책을 열심히 읽었는데 역시 그때는 그다지 자질(?)이 보이지 않았던 것일까? 당시에는 맨스플레인mansplain을 일삼거나 때때로 성차별적 발언을 했을 수도 있다. 나는 다른 남성과는 달랐다고 자부할 수 없고, 그건 지금도 마찬가지다.

그럼에도 나는 페미니즘에 대한 책을 내고 이런저런 활동을 하며 페미니스트로 살고 있다. 흔히 볼 수 있는, 가부장제 체제에 순응하며 자연스럽게 이성애자 남성으로 자라 온 내가 페미니스트가 됐으니 당신도 페미니스트가 될 수 있다고 남성들에게 말을 건넬 때가 많다.

남성이 "나는 페미니스트입니다"라고 말하면 저절로 페미니스트가 되는 것일까, 그런 고민은 있다. 요즘 같이 안티 페미니즘이 극성인 때에, 남성이 자신을 페미니스트로 정체화하는 것만으로 귀한 일이긴 하다. 하지만 선언만으로 페미니스트가 되긴 어려운 법이다. 특히 성차별 구조에서 일종의 기득권을 누리고 있는 남성이라면 더욱 그렇다. 페미니스트에 자격이 있는 것은 아니지만 나 역시도 남성에게는 은연중에 엄격한 잣대를 적용한다.

혹자는 페미니스트가 아니면 성차별주의자라고 한다. 원칙적으로는 동의하지만 현실에서 그렇게 쉽게 말하기는 어렵다. 스스로 페미니스트는 아니라고 생각하지만 페미니스트처럼 살아가는 남성도 있고, 페미니스트라고 주장하지만 여성혐오의 논리가 내면화된 남성도 있다. 이처럼 페미니스트인지 아닌지 가르는 기준은 명확하지 않다.

그래서 나는 페미니스트를 '삶에서 꾸준히 페미니즘을 지향하고 자신의 관점이나 태도에 이를 반영하는 사람'으로 정의한다. 페미니스트는 어느 순간 '되는' 것이 아니라 그렇게 '살아가는' 것이다. 남성에게 이는 스스로를 보면, 정상의 자리에 세워 놓은 체제를 거부하고 허물겠다는 뜻이며, 동시에 이러한 구조를 유지하려는 남성들과 불화하겠다는 의미다. 내 안에서, 동시에 바깥에서 일어나는 모순과 갈등을 감내하는 것이 남성 페미니스트로서 살아가기 위한 전제 조건이라고 믿는다. 나 또한 쉽지 않았고 앞으로도 마찬가지일 것이다.

그럼에도 이것이 '옳은' 길이라고 믿기에 남성 페미니스트로서 함께 살아갈 동료를 찾고 있다. 일단 주저하지 말고 선언한 뒤에 그 말에 책임지면서 살아가라고 요청하기도 한다. 하지만 나의 바람과는 달리 동료는 많이 나타나지 않는다. '샤이 페미니스트'로 남는 이도 있고, 관련 활동을 하면서도 스스로를 페미니스트라고 소개하기 꺼리는 이도 있다.

어떤 남성들은 자신의 생각을 밝히면서 "남자라서 잘 모르지만", "남자라서 감히 페미니스트라고 할 수는 없지만"이라는 말을 덧붙이곤 한다. 물론 그들의 잘못이 아니다. 이런 '발 빼기'가 겸손하고 조신한, 페미니즘을 지지하는 남성이 지녀야 할 태도처럼 굳어진 지 오래됐으니까 말이다.

문제는 발을 빼는 사람은 책임을 지지 않아도 된다는 데 있다. 본인의 의도와는 별개로 당사자성을 지니지 않고 계속해서 논평하는 자의 위치에 설 수밖에 없다. 피해와 가해가 분명한 사건에 대해서는 바른 말을 하지만 민감한 이슈 앞에서는 침묵할 수 있게 된다. 흔히 스스로를 페미니스트라고 말하지 않는 '조신한 남페미'가 남성의 올바른 모델처럼 일컬어지기도 하는데, 그런 페미니스트로 사는 것이 가능한지 잘 모르겠다. 주체로서 온전한 책임을 지고 갈등과 마주하려면 조신한 태도는 오히려 독이며, 부담을 피하는 명목이 될 가능성이 다분하다.

페미니즘을 지지하는 조신한 남성이 연대자나 조력자로 자신의 역할을 제한할 경우, 결국 여성 페미니스트들에게 생각을 의탁하고 그들의 말을 그대로 전달하는 데 그치게 된다. 물론 이 또한 의미 없는 일은 아니겠지만, 자신의 위치를 지우고 여성들의 대변자가 되는 것이 남성이 할 수 있는 일의 최대치인지에 대해선 의문을 던질 수밖에 없다. 사실 이러한 지점이 남성 페미니스트의 '진정성'을 의심하게 되는 원인이기도 했다.

페미니즘이 세상을 바라보는 관점의 전면적 변화를 가져온다고 생각하는 나로서는, 남성이 자신의 위치에서 자신의 방식으로 페미니즘을 소화하고 그 결과물을 말과 글, 다양한 활동으로 보여 주는 게 필요하다고 본다. 이는 성찰, 고발, 남성 집단을 향한 압박을 수반하게 되므로 남성 지배구조에 균열을 내는 일이기도 하다.

과거 남성 페미니스트가 빠지기 쉬웠던 오류가 '나는 다른 남자들과 달라'였다면 지금은 '남자니까 닥쳐야겠다'가 되어 버린 것은 아닐까? 양상은 전혀 다르지만, 둘 다 어떤 모순에 봉착하지 않고 자신을 의심하지 않아도 되기 때문에 논리적으로 매끄럽다는 장점이 있다. 그러나 페미니스트로 사는 것이 매끄럽다면 그게 더 이상하다. 껄끄럽고 불명확한 일이 계속 눈에 띄고, 이를 외면하고 싶어도 결국 판단하고 목소리를 내야만 하는 상황에 놓이기 때문이다. 남성이라고 해서 예외는 아니다.

남성 페미니스트들이 당당해졌으면 좋겠다. 겸양은 이쯤이면 됐다. 남자니까 모른다는 것은 책임 회피다. 그 대신 부딪치고, 불화하고, 꼬인 실타래를 풀어내는 일을 두려워하지 않았으면 좋겠다. 이건 스스로에게 하는 다짐이기도 하다.

'스윗'하지도, 무해하지도 않은

남성 페미니스트를 일컫는 '스윗한남'이라는 말을 처음 들었을 때, 수많은 편견이 담겼다고 생각했다. 남성이 여성 편을 들거나 여성에게 잘 보이기 위해 페미니즘을 지지하는 것이며, 그럼에도 결국 '한남'이므로 위선적이라는 뜻이 한 단어로 응축됐다. 남성의 페미니즘 실천을 시혜적인 것으로 보고 조롱하는 것이기도 했다.

이런 말을 사용하는 남초 커뮤니티에서는 여성에게 공감하고 그들과 함께 분노한다는 게 여성에게 '달콤할' 것이라고 생각하는 걸까? 그건 그저 인간으로서의 기본이고 상식이다. 여성을 성적 대상으로만 여기는 남성이 여성에 대한 폭력과 차별에 반대하는 말조차 '성적 의도'가 있는 것으로 해석하는 것에 불과하다.

페미니즘을 비난하는 이들은 대체로 자신을 '정상적'이고 '합리적'인 이성애자 남성으로 규정한다. 정상적인 여성과 남성은 페미니즘을 싫어한다고, 실생활에서 자신은 여성들과 사이좋게 잘 지내고 있다고 강조한다. 오죽 여성에게 인기가 없으면 페미니스트가 되겠냐며, 여성에게 관심을 받을 방법이 없는 것 아니겠냐고 조롱한다.

다중의 혐오가 뒤섞인 이런 말 앞에서 모멸감을 느낀 이들이 적지 않을 것이다. 일종의 낙인찍기 프레임 안에서 그들의 주장에 반박하기 위해서는 결국 남성으로서 자신의 '정상성'을 입증해야만 한다. 하지만 이는 페미니스트로서의 신념에 반하는 행동이기도 하다. 남성 페미니스트가 할 수 있는 일은 그 교묘한 덫을 철저하게 무시하고 넘어가는 것이다. 능력 있는 알파 메일alpha male도 아니고 '스윗'하지도 않은데 대체 어쩌라는 걸까.

남성 페미니스트는 '무해'해야 하는가? 누군가는 정말 그렇게 되려고 노력하기도 한다. 하지만 페미니스트로서 살아가는 시간이 길어질수록 무해한 것이 목표가 될 수 없다는 사실을 실감한다. 폭력이나 차별과는 무관한, 주변 여성으로부터 전폭적인 신뢰를 받는 사람이 되고 싶다는 욕심을 가질 때도 있었지만 이젠 그것이 불가능하다는 걸 안다. 누구도 무해하다고 자부할 수 없고, 자부해서도 안 된다.

나는 때때로 남성 지배구조의 습속과 타협하기도 하고, 성차별적 인식을 갖고 있는 사람에게 맞서지 않기도 한다. 인간관계에서는 더더욱 무해한 태도를 취하는 것이 어렵다. 폭력이나 욕설이 없다고 해서 무해한 것이 아니다. 상대방에게 상처를 주거나 고통스럽게 만드는 이유는 매우 다양하고, 페미니스트라고 해서 그러한 관계의 굴레를 피해 갈 리 만무하다.

여성의 말을 무조건적으로 따르거나 혹은 그런 '척'을 하는 것이 남성 페미니스트가 아니다. 오히려 그 본질은 불온함에 가깝다. 내가 아는 대부분의 남성 페미니스트는 흔히 고정불변이라고 믿는 구조와 관계에 대해 의문을 제기하고, 불편하다는 내색을 하면서 서슴없이 킬조이 killjoy 역할을 한다.

페미니스트는 정형화된 존재가 아니다. 남성 페미니스트들 역시 단일한 존재가 아니고 서로 생각이 전혀 다를 수 있다. 그래서 나는 비장애인-시스젠더-헤테로섹슈얼이자 진보 매체에서 일하는 기자로서, 비교적 안정되게 지지자를 획득할 수 있었던 나의 페미니즘이 남성 페미니스트 서사로서 도드라지는 걸 경계한다.

이를테면 나는 남성들이 향유하는 문화에 어설프게 발을 걸치고 있는 사람이다. 축구 게임을 좋아하고 영국 프리미어리그를 보는 것도 좋아한다. 과거에는 스타크래프트 게임에 흠뻑 빠져 있었다. 즐겨 찾는 게임과 축구 관련 유튜브 채널의 출연자 대부분은 남성이다. 어린 시절에는 록 음악, 그중에서도 헤비메탈을 좋아했고 음악가의 마초적인 모습을 꽤나 동경하기도 했다. 남자들이 하는 행동에, 또 그들이 쌓은 업적에 열광했다. 남성들의 또래 문화가 썩 잘 맞지는 않았지만 그럼에도 나는 '평범한' 남자로 성장한 편이다.

남성들의 집단 문화, 정서 구조, 관습 등을 경유하면서 성장하다 보니 스스로 가부장의 모습을 남성의 기본값처럼 여기게 되었다. 그걸 깨닫고 깜짝 놀란 적도 여러 차례다. 내가 보고 배운 남성들의 일반적인 모습이 페미니즘의 관점에서는 너무 자기중심적이거나 오로지 남성에게만 허용되는 태도였던 게 많았다.

나는 반성을 하고, 마음을 고쳐먹고, 그러한 과정을 글로 표현해 왔다. 하지만 모든 남성 페미니스트가 그렇게 할 필요는 없다. 각자의 정체성과 성장 배경, '할 수 있는 일'이 다르기 때문이다. 모두가 나처럼 한때는 가부장제에 순응하며 일종의 안정감을 느꼈을 거라고 생각하지 않는다. 예전부터 남성 문화와 갈등을 빚거나 아예 일찌감치 대안을 찾은 이도 있을 것이다.

과거에 나는 남성의 페미니즘 수용에는 반성과 자기 성찰이 수반되어야 한다고 주장했다. 지금은 아니다. 어쩌면 나는 '남성 페미니스트'를 '깨어 있는 헤테로섹슈얼 남성' 정도로 인식되게 만드는 데 기여한 게 아닐까? 페미니스트로 살아가게 된 동기와 서사는 각자 다를 텐데 말이다. 남성 페미니스트를 일정한 틀에 가두는 시도를 무력화하고 성별이분법에 더 많은 균열을 일으키기 위해선 다양한 모습의 남성이 곳곳에서 목소리를 내야 한다.

더 나은 우정은 가능하다

자주 보는 스포츠 유튜브 채널이 하나 있다. 남성들만 있는 회사에서 그들끼리 콘텐츠를 만든다. 물론 전문적인 내용도 많지만 조금 편한 분위기의 콘텐츠에서는 성적인 대화와 욕설 등이 난무할 때도 있다. 꾸준히 재미있게 보는 몇 안 되는 채널이기도 하고, 출연자 개개인에 대해선 호감을 갖고 있다. 그럼에도 남성 문화로 가득 찬 이런 콘텐츠를 소비해도 되는 건가 싶은 생각이 종종 든다. 나에겐 일종의 길티 플레저guilty pleasure다.

이 채널에선 남성들끼리 왁자지껄하게 노는 모습을 보여 줄 때가 있다. 그들은 서로를 '형'이나 '형님'으로, 혹은 이름으로 부른다. 그걸 볼 때마다 스스로에게 질문하게 된다. 나는 남자들끼리만 있는 곳에서 적응할 수 있을까? 친근함을 표현하기 위한 장난과 무례가 용인되는 문화를 견딜 수 있을까?

사실 자신이 없다. 남성들과의 관계에서 소속감을 느끼는 것은 내가 계속 실패했던 영역이기 때문이다. 내가 형이라고 부를 수 있는 사람은 손에 꼽는다. 그들이 만든 질서에 순응하고 싶지 않아서 그런 건 아니었다. 그냥 잘 맞지 않았다.

'형과 동생'을 표방하는 남성들의 사적 관계는 공적 영역에서의 권력 형성으로도 연결되면서 여성을 배제하는 남성연대를 고착화시켜 왔다. 형이라는 호칭 그 자체나 일상적으로 그 말을 많이 쓰는 사람들의 잘못은 아니다. 하지만 결과적으로 가부장제 사회에서 이 말은 '마법'이 되는 경우가 비일비재했다. 특히 사회적 지위가 높은 공인이 타인을 형이라고 부르는 것이 달갑지 않은 이유다.

다행인 것은 대학교 시절 이후 내겐 형이라고 부를 기회도, 형으로 불릴 기회도 많지 않았다는 사실이다. 나는 여성 친구들이 훨씬 많았고, 술자리에서 이뤄지는 끈적한 남성연대는 기억에서 지워진 지 오래다. 앞서 이야기했듯, 독립언론부터 지금 있는 회사까지 내가 속했던 곳은 모두 소위 '남성적' 분위기와는 거리가 멀기도 했다.

'형'이라는 호칭도 잘 안 쓰지만 '형님'은 직접적으로는 한 번도 써 본 적이 없다. 그래서 누군가 나를 그렇게 불렀을 때 정말 소스라치게 놀란 적이 있다. 내 평소 온도가 미지근하거나 살짝 차가운 상태라면 형님은 용암과도 같다는 느낌을 받는다. 가족 내에서 의례적으로, 혹은 어르신들이 많이 쓰긴 하지만 나는 굳이 저 말을 쓰거나 듣고 싶지 않다. 공손하게 직책을 부르거나 선생님이라고 할 수도 있는데 굳이 왜 형님이어야 할까. 생각해 보면 '언니님'은 없지 않은가.

그럼에도 형, 형님이라 부르면서 남성들과 친해지고 그들에게 인정받고 싶었던 적이 있다. 어느 시인이 자신보다 한참 연배가 높은 이를 형이라고 부르며 술을 마셨다고 할 때는 꽤나 부럽게 느껴졌다. 대학교 시절까지, 남성 무리 안에서 적당한 위치를 차지하고 싶었는데 쉽지 않았다. 술자리를 좋아하지 않았고, 살갑지 못했고, 장난칠 줄 몰랐고, 능청을 떠는 데도 어려움을 느꼈으니까.

종종 나이 차가 나는 남성과 친밀하게 우정을 쌓아

나가길 갈구하지만, 그런 관계가 약간 피곤하게 느껴지는 것도 사실이다. 나이는 사회적 서열을 만들고 형이라는 말은 그것을 확실히 강화한다. 물론 지금에 와서는 나보다 어린 남성에게 굳이 형으로 불리고 싶지도 않고, 나이 많은 남성을 그렇게 부르며 따르고 싶지도 않다. 반면 여성과 우정을 쌓는 데에 있어서는 나이에 따라 서열을 정해야 한다는 압박이 덜하다.

남성만 모이는 사적인 모임을 선호하진 않는다. 하지만 종종 내가 가장 연장자거나 주로 형으로 불리는 자리에 가면 스스로 왜 이러나 싶을 정도로 무장해제가 되곤 한다. 평소의 나라면 하지 않을 이야기를 마구 하고, 남 욕도 자연스럽게 하고, 거드름을 피운다. 그게 남자들 사이에서 형 역할을 하고 싶다는 욕망 때문인지, 아니면 오랜만에 '윗사람'의 위치에 놓여 긴장이 풀어져서 그런지는 모르겠다. 분명 형으로서의 나는 좀 다른 사람이 되는 것 같다.

두 권의 페미니즘 책을 내면서 내게 형이 되고 싶은, 본질적으로는 남성들과 '가부장적' 방식으로 관계 맺고 싶은 욕망이 있다는 것을 깨닫게 되었다. 더불어 내가 그런 방식을 스스로 어색해하고 껄끄러워한다는 것 역시 인정해야만 했다. '남자들에게 사랑받는 남자'를 진국(?)으로 여기는 문화에 끌려다니고 싶지 않았다.

나는 사람을 잘 챙기거나 정이 넘치는 사람이 아니다. 좀 냉소적이고 사람과 거리를 두는 편에 가깝다. 거기다가 예전에는 언사가 직설적이어서 주변에 사람이 많지 않았다. 요즘에는 많이 노력하고 있다. 많은 사람들이 내가 남성들과 불화할 거라고 생각하지만 그렇지 않다. 오히려 술을 매개로 한 우정 쌓기 형태를 탈피해서 그들과 잘 지내고 싶은 마음이 크다. 특히 페미니스트라고 스스로 정체화하면서 친절하고 다정한 태도가 중요하다는 걸 늘 되새기고 있다. 타인의 이야기를 귀담아듣고 그의 입장에서 생각해 보는 것이, 내겐 페미니즘의 윤리 중 하나이기 때문이다. 물론 그러한 태도는 남성을 만날 때도 예외는 아니다.

다만 터무니없이 성차별적인 생각을 드러내거나 여성혐오적인 발언을 한다면, 그것은 어떤 형태로든 짚고 넘어가려고 노력한다. 완곡하게라도 잘못됐다고 지적한다. 그렇게 말한다고 우리의 우정이 깨지진 않는다. 내가 경계하는 것은 기껏 그렇게 지적해도 허허 웃고 넘어가거나 "장난인데 왜 그래", "너무 예민한 것 아니냐"라는 말이 돌아오는 상황이다.

형이라는 기표가 지배하는 '남자들끼리'의 세계는 여전히 거부하고 싶은 것이지만, 남성 개개인과 친해지는 일은 언제나 환영이다. 나는 남자들끼리도 지금보다 더 나은 관계를 맺을 수 있다고 믿는다. 우리의 우정은 이제 새로운 장을 열어야 한다.

우리는 이어져 있다
'남성 페미니스트'라는 말을 넘어서

1판 1쇄 펴냄 2022년 4월 4일

지은이 안희제, 이솔, 신필규, 이한, 박정훈
만든이 하늘

펴낸곳 와온
출판등록 2019년 2월 14일 제2019-000023호
주소 전라남도 광양시 희망길 39
팩스 0504-261-2083
이메일 waonbooks@gmail.com

ISBN 979-11-967674-8-8 03330